（宋）蘇軾 撰

明成化本東坡七集

第四册

國家圖書館出版社

第四册目録

東坡集四十卷（卷第九—十三）

卷第十……一四三
詩七十七首……一四三

卷第十一

東坡集卷第九

詩六十八首

春菜

蔓菁宿根已生葉韮牙戴土拳如蕨爛烝香薺白魚肥碎點青蒿涼餅滑宿酒初消春睡起細履幽畦掇芳辣茵蔯甘菊不負渠鱠縷堆盤纖手抹北方苦寒今未已雪底波稜如鐵甲豈如吾蜀富冬蔬霜葉露牙寒更茁久拋菘葛猶細事苦筍江豚那忍説明年投劾徑須歸莫待齒搖并髪脫

送鄭戶曹

游遍錢塘湖上山歸來文字帶芳鮮羸僮瘦馬從吾
飲陋巷何人似子賢公業有田常乏食廣文好客竟
無氈東歸不趂花時節開盡春風誰與妍

虔州八境圖八首

坐看奔湍遶石樓使君高會百無憂三犀竊鄙秦太
守八詠聊同沈隱侯

濤頭寂寞打城還章貢臺前暮靄寒欲客登臨無限
思孤雲落日是長安

白鵲樓前翠作堆縈雲嶺路若為開故人應在千山
外不寄梅花遠信來

朱樓深處日微明皂蓋歸時酒半醒薄莫漁樵人去盡碧溪青嶂遶螺亭

使君那暇日參禪一望叢林一悵然成佛莫教靈運後着鞭從使祖生先

却從塵外望塵中無限樓臺煙雨濛山水照人迷向背只尋孤塔認西東

煙雲縹眇鬱孤臺積翠浮空雨半開想見之罘觀海市絳宮明滅是蓬萊

回峰亂嶂鬱參差雲外高人世得知誰向空山弄明月山中木客解吟詩

讀孟郊詩二首

夜讀孟郊詩細字如牛毛寒燈照昏花佳處時一遭
孤芳擢荒穢苦語餘詩騷水清石鑿鑿湍激不受篙
初如食小魚所得不償勞又似煮彭蟛竟日嚼空螯
要當鬬僧清未足當韓豪人生如朝露日夜火消膏
何苦將兩耳聽此寒蟲號不如且置之飲我玉色醪
我憎孟郊詩復作孟郊語飢腸自鳴喚空壁轉飢鼠
詩從肺腑出出輒愁肺腑有如黃河魚出膏以自煮
尚愛銅斗歌鄙俚頗近古桃弓射鴨罷獨速短蓑舞
不憂踏船翻踏浪不踏土吳姬霜雪白赤脚浣白紵

嫁與踏浪兒不識離別苦歌君江湖曲感我長羈旅

訪張山人得山中字二首

魚龍隨水落猿鶴喜君還舊隱丘墟外新堂紫翠間野麋馴杖屨幽桂出榛菅洒掃門前路山公亦愛山張故居為大水所壞新卜此室故居之東

萬木鎖雲龍山名天留與戴公路迷山向背人在瀼西東薺麥餘春雪櫻桃落晚風入城都不記歸路醉眠中

送孔郎中赴陜郊

鷩風擊面黄沙走西出崤函脱塵垢使君來自古徐

州聲震河潼殷關右十里長亭聞鼓角一川秀色明
花柳北臨飛檻卷黃流南望青山如峴首東風吹開
錦繡谷溕水粼動蒲萄酒訟庭生草數開樽過客如
雲牢閉口

與梁左藏會飲傅國博家

將軍破賊自草檄論詩說劔俱第一彭城老守本虛
名識字劣能欺項籍風流別駕貴公子欲把笙歌暖
鋒鏑紅旆朝開猛士噪翠帷暮卷佳人出東堂醉卧
呼不起啼鳥落花春寂寂試教長笛傍耳根一聲吹
裂堦前石

寒食日荅公擇三絶次韻

從來蘇李得名雙只恐全齊笑陋邦詩似懸河供不辦故欺張籍隴頭瀧

簿書鼛鼓不知春佳句相呼賴故人寒食德公方上冢歸來誰主復誰賓

巡城已困塵埃眯執朴仍遭蟣蝨緣欲脱布衫携素手試開病眼點黄連來詩謂僕布衫督役

約公擇飲是日大風

先生生長匡廬山山中讀書三十年舊聞飲水師顔淵不知治劇乃所便偷兒夜探赤白丸奮髯忽逢朱

子元半年群盜誅七百誰信家書藏九千春風無事秋月閑紅粧執樂豪且妍紫衫玉帶兩部全琵琶一抹四十絃客來留飲不計錢齊人愛公如子產兒啼卧路呼不還我憊山郡空留連牙兵部吏笑我寒邀公飲酒公無難約束官奴買花鈿薰衣理鬢夜不眠曉來顛風塵暗天我思其由豈坐慳作詩愧謝公笑讙歸來瑟縮愈不安要當啖公八百里豪氣一洗儒生酸

坐上賦戴花得天字

清明初過酒闌珊折得奇葩晚更妍春色豈關吾輩

事老狂聊作坐中先醉吟不耐欹紗帽起舞從教落

酒船結習漸消習不住却須還與散花天

夜飲次韻畢推官

簿書叢裏過春風酒聖時時且復中紅燭照庭嘶騕

褭黄雞催曉唱玲瓏老來漸減金釵興醉後空驚玉

筯工畢善篆月未上時應早散免教鼇谷悶吾公

續麗人行

李仲謀家有周昉畫背面欠伸内人極

精戲作此詩

深宫無人春日長沉香亭北百花香美人睡起薄梳

洗燕舞鸎啼空斷腸畫工欲畫無窮意背立東風初
破睇若教回首却嫣然陽城下蔡俱風靡杜陵飢客
眠長寒蹇驢破帽隨金鞍躪花臨水時一見只許腰
支背後看心醉歸來茅屋底方信人間有西子君不
見孟光舉案與眉齊何曾背面傷春啼

聞李公擇飲傳國博家大醉二首

兒童拍手鬧黄昏應笑山公醉習園縱使先生能一
石主人未肯獨留髡
不肯惺惺騎馬廻玉山知為玉人頹紫雲有語君知
否莫喚分司御史來

起伏龍行 并敘

徐州城東二十里有石潭父老云與泗水通增損清濁相應不差時有河魚出焉元豐元年春旱或云置虎頭潭中可以致雷雨用其說作起伏龍行一首

何年白竹千鈞弩射殺南山雪毛虎至今顱骨帶霜牙尚作四海毛蟲祖東方久旱千里赤三月行人口生土碧潭近在古城東神物所蟠誰敢侮上欹蒼石擁巉竇下應清河通水府眼光作電走金蛇鼻息為雲擢煙縷當年負圖傳帝命左右羲軒詔神禹爾來懷寶但貪眠滿腹雷霆瘖不吐赤龍白虎戰明日是月

丙辰明日庚寅倒卷黄河作飛雨嗟吾豈樂鬭兩雄有事徑須煩一怒

聞公擇過雲龍張山人輒往從之公擇有詩戲用其韻

我生固多憂肉食常苦墨軒然就一笑猶得好飲力
聞君過雲龍對酒兩靜默急携清歌女出郭及未昃
一歡難力致邂逅有勝持喧蜂集晚花亂雀噪叢棘
山人樂此耳竒寞誰時側何當求好人聊使治要襋

送李公擇

使君自孤憤此理誰相直不如學養生一氣服千息

嗟余寡兄弟四海一子由故人雖云多出處不我謀
弓車無停招逝去勢莫留僅存今幾人各在天一陬
有如長庚月到曉爛不收宜我與夫子相好手足侔
比年兩見之賓主更獻酬樂哉十日飲衎衎和不流
論事到深夜僵仆鈴與騶頗嘗見使君有客如此不
欲別不忍言慘慘集百憂念我野夫兄知名三十秋
已得其為人不待風馬牛他年林下見傾蓋如白頭

送筍芍藥與公擇二首

久客厭虜饌蜀人謂東北人虜子棬然思南烹故人知我意千
里寄竹萌騈頭玉嬰兒一一脫錦棚庖人應未識旅

人眼先明我家拙厨膳彘肉芼蕪菁送與江南客燒煑配香粳

今日忽不樂折盡園中花園中亦何有芍藥梟殘葩久旱復遭雨紛披亂泥沙不折亦安用折去還可嗟弃擲亮未能送與謫仙家還將一枝春插向兩髻丫

和孫莘老次韻

去國光陰春雪消還家蹤迹野雲飄功名正自妨行樂迎送纔堪慱早朝雖去友朋親吏卒卻辭饞謗得風謡今年我亦江東去不問繁雄與寂寥

游張山人園

壁間一軸煙蘿子盆裏千枝錦被堆慣與先生為酒伴不嫌刺史亦頽開纖纖入麥黄花亂颯颯催詩白雨來聞道君家好井水歸軒乞得滿缾囘

杜介熙熙堂

崎嶇世路最先囘窈窕華堂手自開咄咄何曾書怪事熙熙長覺似春臺白砂碧玉味方永黄紙紅旗心已灰遥想閉門投轄飲鵾絃鐵撥響如雷

次韻荅劉涇

吟詩莫作秋蟲聲天公怪汝鉤物情使汝未老華髮生芝蘭得雨蔚青青何用自燔以出馨細書千紙雜

真行新音百變口如鸎異義蜂起弟子爭舌翻濤瀾卷齊城萬卷堆胸兀相撑以病為樂子未驚我有至味非煎熬是中之樂吁難名繇槐如山閻廣庭飛蟲繞耳細而清敗席展轉卧見經亦自不爊翠織成意行信足無溝坑不識五郎呼作卿吏民哀我老不明相戒毋復煩鞭刑時臨泗水照星星微風不起鏡面平安得一舟如葉輕卧聞鄰籤報水程蓴羹羊酪不須評一飽且救飢腸鳴

攜妓樂游張山人園

大杏金黃小麥熟墮巢乳鵲拳新竹故將俗物惱幽

人細馬紅粧滿山谷提壺勸酒意雖重杜鵑催歸聲更速酒闌人散却關門寂歷斜陽挂疎木

種德亭并敘

處士王復家於錢塘為人多技能而醫尤精期於活人而已不志於利築室候潮門外治園圃作亭榭以與賢士大夫游惟恐不及然終無所求人徒知其接花藝果之勤而不知其所種者德也乃以名其亭而作詩以遺之

小圃傍城郭閉門芝朮香名隨市人隱德與佳木長元化善養性倉公多禁方所活不可數相逢旋相忘

但喜賓客來置酒花滿堂我欲東南去再觀雙檜蒼山茶想出屋湖橋應過墻木老德亦熟吾言豈荒唐

文與可有詩見寄云待將一段鵝溪絹掃取寒梢萬尺長次韻答之

為愛鵝溪白璽光掃殘雞距紫毫鋩世間那有千尋竹月落庭空影許長

聞辯才法師復歸上天竺以詩戲問

道人出山去山色如死灰白雲不解笑青松有餘哀忽聞道人歸鳥語山容開神光出寶髻法雨洗浮埃想見南北山花發前後臺寄聲問道人借禪以為詼

何所聞而去何所見而回道人笑不荅此意安在哉昔年本不住今者亦無來此語竟非是且食白楊梅

和子由送將官梁左藏仲通

雨足誰言春麥短城堅不怕秋濤卷日長惟有睡相宜半脫紗巾落紈扇芳草不鋤當戶長珍禽獨下無人見覺來身世都是夢坐久枕痕猶著面城西忽報故人來急掃風軒炊麥飯徐州所出伏波論兵初矍鑠中散談仙更清遠南都從事亦學道不卹腸空誇腦滿問羊他日到金華應許相將游閬苑黃初平之兄尋其弟於金華山

次韻秦觀秀才見贈秦與孫莘老李公擇

甚熟將入京應舉

夜光明月非所投逢年遇合百無憂將軍百戰竟不侯伯郎一斗得涼州翹關負重君無力十年不入紛華域故人坐上見君文謂是古人吁莫測新詩說盡萬物情硬黃小字臨黃庭故人已去君未到空吟河畔草青青誰謂他鄉各異縣天遣君來破吾顏一聞君語識君心短李髯孫眼中見江湖放浪久全真忽然一鳴驚倒人從橫所值無不可知君不怕新書新千金弊帚那堪換我亦淹留豈長算山中既未決同歸我聊爾耳君其漫

僕曩於長安陳漢卿家見吴道子畫佛碎爛可惜其後十餘年復見之於鮮于子駿家則已裝背完好子駿以見遺作詩謝之

貴人金多身復閑爭買書畫不討錢已將鐵石充逸少（殷鐵石梁武帝時人今法帖大王書中有鐵石字）更補朱繇為道玄（世所收吴畫多朱繇筆也）煙熏屋漏裝玉軸鹿皮蒼壁知誰賢吴生畫佛本神授夢中化作飛空僊覺來落筆不經意神妙獨到秋毫顛我昔長安見此畫歎惜至寶空潛然素絲斷續不忍看已作胡蝶飛聯翩君能收拾為補綴體質散落嗟神全志公髣髴見刀尺脩羅天女猶雄

妍如觀老杜飛鳥句脫字欲補知無緣問君乞得良
有意欲將俗眼為洗湔貴人一見定羞怍錦囊千紙
何足捐不須更用博麻縷付與一炬隨飛煙

雨中過舒教授

疎疎簾外竹瀏瀏竹間雨窗扉靜無塵几硯寒生霧
美人樂幽獨有得緣無慕坐依蒲褐禪起聽風甌語
客來淡無有灑掃涼冠屨濃茗洗積昏妙香淨浮慮
歸來北堂闇一一微螢度此生憂患中一餉安閑處
飛鳶悔前笑黃犬悲晚悟自非陶靜節誰識此間趣

次韻舒教授寄李公擇

草書妙絶吾所兄真書小低猶抗行論文作詩俱不敵看君談笑收降旌去年逾月方出晝（予去年留齋月餘）爲君劇飲幾濡首今年過我雖少留寂寞陶潛方止酒（此行公擇病酒多不飲）別時流涕攬君須懸知此歡墮空虛松下從横餘屐齒門前轣轆想君車怪君一身都是德近之清潤淪肌骨細思還有可恨時不許藍橋見傾國（公擇有婢名雲英屢欲出不果）

送鄭戶曹

水遶彭祖樓山圍戲馬臺古來豪傑地千歲有餘哀隆準飛上天重瞳亦成灰白門下呂布大星隕臨淮

尚想劉德輿置酒此徘徊爾來苦寂寞廢圃多蒼苔
河從百步響山到九里回山水自相激夜聲轉風雷
蕩蕩清河壖黃樓我所開秋月墮城角春風摇酒杯
遲君為坐客新詩出瓊瑰樓成君已去人事固多乖
他年君倦游白首賦歸來登樓一長嘯使君安在哉

次韻黃魯直見贈古風二首

佳穀卧風雨莨莠登我場陳前漫方丈玉食慘無光
大哉天宇閒美惡更臭香君看五六月飛蚊殷回廊
兹時不少假俛仰霜葉黃期君蟠桃枝千歲終一嘗
顧我如苦李全生依路傍紛紛不足愠悄悄徒自傷

空山學仙子妄意笙簫聲千金得奇藥開視皆豨苓
不知市人中自有安期生今君已度世坐閱霜中蔕
摩挲古銅人歲月不可計閬風安在哉要君相指似

次韻荅舒教授觀余所藏墨

異時長笑王會稽野鶩膻腥汙刀几莫年却得庾安
西自厭家雞題六紙二子風流冠當代顧與兒童爭
愠喜秦王十八已龍飛嗜好晚將蚍蚼比我生百事
不挂眼時人謬說云工此世間有癖念誰無傾身障
簏尤堪鄙一生當著幾兩屐定心肎為微物起此墨
足支三十年但恐風霜侵髮齒非人磨墨墨磨人缾

應未罄罍先恥逝將振衣歸故國數畝荒園自鋤理
作書寄君君莫笑但覔來禽與青李一螺點漆便有
餘萬竈燒松何處使君不見永盌第中擣龍麝列屋
閑居清且美倒暈連眉秀嶺浮雙鴉畫鬢香雲委時
聞五斛賜蛾綠不惜千金求獺髓聞君此詩當大笑
寒窻岑硯氷生水

送鄭戶曹賦席上果得榧子

彼美玉山果粲為金盤實瘴霧脫蠻溪清樽奉佳客
客行何以贈一語當加璧祝君如此果德膏以自澤
驅攘三彭仇已我心腹疾願君如此木凛凛傲霜雪

斲為君倚几滑淨不容削物微興不淺此贈毋輕擲

送胡掾

亂葉和淒雨投空如散絲流年一如此游子去何之
節義古所重艱危方自茲他時著清德仍復畏人知

荅仲屯田次韻

秋來不見漢陂岑千里詩盟忽重尋大木百圍生遠
籟朱絃三嘆有遺音清風卷地收殘暑素月流天掃
積陰欲遣何人賡絕唱滿堦桐葉候蟲吟

容州宋國博以詩見紀在郡雜詠次韻荅
之

吾觀二宋文字字照纚素淵源皆有考奇嶮或難句
後來邈無繼嗣子其殆庶胡為尚流落用舍真有數
當時苟悅可慎勿笑扶杜斲窓誰赴救袖手良優裕
山城辱吾繼缺短煩遮護昔年繆陳詩無人聊瓦注
子今賡絶唱外重中已懼何當附家集擊壤追咸濩

荅范祖禹

吾州下邑生劉季誰數區區張與李來詩有張僕射李臨淮之句
重瞳遺迹已塵埃惟有黃樓臨泗水郡有廳事俗謂之霸王廳相傳不可坐僕拆之以蓋黃樓
而今太守老且寒俠氣不洗儒生酸猶
勝白門窮呂布欲將鞍馬事曹瞞

次韻荅王定國

每得君詩如得書宣心寫妙書不如眼前百種無不有知君一以詩驅除傳聞都下十日雨青泥没馬街生魚舊雨來人今不來油然獨酌卧清虚堂名我雖作郡古云樂山川信美非吾廬頗君不廢重九約念此衰冷勤呵嘘

芙蓉城并敘

世傳王迥字子高與仙人周瑶英游芙蓉城元豐元年三月余始識子高問之信然乃作此詩極其情而歸之正亦變風止乎禮義之意也

芙蓉城中花冥冥誰其主者石與丁珠簾玉案翡翠
屏雲舒霞卷千娉婷中有一人長眉青炯如微雲淡
疎星往來三世空練形竟坐誤讀黃庭經天門夜開
飛爽靈無復白日乘雲軿俗緣千刼磨不盡翠被冷
落淒餘馨因過緱山朝帝廷夜聞笙簫弭節聽飄然
而來誰使令皎如明月入牕櫺忽然而去不可執寒
衾虛幌風泠泠仙宮洞房本不扃夢中同躡鳳凰翎
徑渡萬里如奔霆玉樓浮空聳亭亭天書雲篆誰所
銘遶樓飛步高竛竮仙風鏘然韻流鈴蘧蘧形開如
酒醒芳卿寄謝空丁寧一朝覆水不返缾羅巾別淚

空熒熒春風花開秋葉零世間羅綺紛膻腥此生流
浪隨滄溟偶然相值兩浮萍願君收視觀三庭勿與
嘉穀生蝗螟從渠一念三千齡下作人間尹與邢

和鮮于子駿鄆州新堂月夜二首 前次韻 後不次

去歲游新堂春風雪消後池中半篙水池上千尺柳
佳人如桃李胡蝶入衫袖山川今何許疆野已分宿
歲月不可思駛若船放溜繁華真一夢寂寞兩榮朽
惟有當時月依然照杯酒應憐船上人坐穩不知漏

明月入華池反照池上堂堂中隱几人心與水月涼
風螢已無迹露草時有光起觀河漢流步屧響長廊

名都信繁會千指調絲簧先生病不飲童子為燒香獨作五字詩清絶如韋郎詩成月漸側皎皎兩相望

送將官梁左藏赴莫州

燕南垂趙北際其間不合大如礪至今父老哀公孫烝土為城鐵作門城中積穀三百萬猛士如雲驕不戰一朝鼓角鳴地中帳下美人空掩面豈如千騎平時來笑談謦欬生風雷葛巾羽扇紅塵靜投壺雅歌清燕開東方健兒虓虎樣泣涕懷思廉恥將彭城老守亦凄然不見君家雪兒唱

次韻子由送趙屼歸覲錢塘遂赴永嘉

歸舟轉河曲稍見楚山蒼候吏來迎客吴音已帶鄉言從謝康樂先獻魯靈光已擊三千里何須四十强風流半刺史清絶校書郎到郡詩成集尋溪水濺裳芒鞋隨採藥蠒紙記流觴海静蛟鼉出山空草木長宦游無遠近民事要更嘗願子傳家法他年請尚方

中秋月三首

殷勤去年月瀲灔古城東憔悴去年人卧病破窗中徘徊巧相覓窈窕穿房櫳月豈知我病但見歌樓空撫枕三歎息扶杖起相從天風不相哀吹我落瓊宫白露入肝肺夜吟如秋蟲坐令太白豪化為東野窮

餘年知幾何佳月豈屢逢寒魚亦不睡竟夕相喚喁六年逢此月五年照離別中秋有月凡六年矣惟去歲與子由會於此歌君別時曲滿坐為淒咽留都信繁麗此會豈輕擲鎔銀百頃湖挂鏡千尋闕三更歌吹罷人影亂清樾歸來北堂下寒光翻露葉喚酒與婦飲念我向兒說豈知衰病後空盞對梨栗但見古河東蕎麥如鋪雪欲和去年曲復恐心斷絕

舒子在汶上閉門相對清舒煥試舉人鄆州鄭子向河朔鄭僅赴北京戶曹孤舟連夜行頓子雖咫尺兀如在牢扃頓起來徐試舉人趙子寄書來水調有餘聲今日得趙杲卿書猶記余在東武中秋所作水

調歌頭 悠哉四子心共此千里明明月不解老良辰難合并回顧坐上人聚散如流萍嘗聞此宵月萬里同陰晴故人文生為余言嘗見海賈云中秋有月則是歲珠多而圓賈人常以此候之雖相去萬里他日會合相問陰晴無不同者 天公自著意此會那可輕明年各相望俯仰今古情

中秋見月寄子瞻兄子由

西風吹暑天益高明月耿耿分秋毫彭城閉門青嶂合坐聽百步鳴飛濤史君攜客登燕子月色著人如著水筵前不設鼓與鍾處處笛聲相應起浮雲卷盡流金丸戲馬臺西山欝蟠杯中淥酒一時盡衣上白

露三更寒扁舟明日浮古汴回首逡巡陵谷變河吞
巨野入長淮城沒黃流只三板明年築城城似山伐
木為堤堤更堅黃樓未成河已退空有遺迹令人看
城頭看月應更好河流深處今生草子孫免被魚鼈
食歌舞聊寬史君老南都從事老更貧羞見青天月
照人飛鶴投籠不能出曾是彭城坐中客

和

明月未出群山高瑞光千丈生白毫一杯未盡銀闕
涌亂雲脫壞如崩濤誰為天公洗眸子應費明河千
斛水遂令冷看世間人照我湛然心不起西南火星

如彈丸角尾奕奕蒼龍蟠今宵注眼看不見更許螢火爭清寒何人艤舟臨古汴千燈夜竹魚龍變曲折無心逐浪花低昂赴節隨歌板（是夜賈客舟中放水燈）青熒滅沒轉前山浪颭風迴豈復堅明月易低人易散歸來呼酒更重看堂前月色愈清好咽咽寒螿鳴露草卷簾推戶寂無人窓下咿啞惟楚老（近有一孫名楚老）南都從事莫羞貧對月題詩有幾人明朝人事隨日出怳然一夢瑶臺客

荅王鞏鞏將見過有詩自謂惡客戲之

汴泗遶吾城城堅如削鐵中有李臨淮號令肝膽裂

古來彭城守未省怕惡客惡客云是誰祥符相公孫
是家豪逸生有種千金一擲頗黎盆連車載酒來不
飲外酒嫌其村子有千缾酒我有萬株菊任子滿頭
揷團團見花不見目醉中揷花歸花重壓折軸問客
何所須客言我愛山青山自遶郭不要買山錢此外
有黃樓樓下一河水美哉洋洋乎可以療飢并洗耳
彭城之遊樂復樂客惡何如主人惡

次韻王定國馬上見寄

昨夜霜風入裌衣曉來病骨更支離疎狂似我人誰
顧坎軻憐君志未移但恨不攜桃葉女尚能來趁菊

花時南臺二謝無人繼直恐君詩勝義熙二謝從宋武帝九日燕戲馬臺

與頓起孫勉泛舟採韻得未字

窓前堆梧桐牀下鳴絡緯佳人尺書到客子中夜喟朝來一樽酒晤語聊自慰秋蠅已無聲霜蟹初有味當為壯士飲眥裂須磔蝟勿作兒女懷坐念蠨蛸畏山城亦何有一笑瀉肝胃泛舟以娛君魚鼈多可饌縱為十日飲未遽主人費吾儕俱老矣耿耿知自貴盌能傍門户啼笑雜猩狒要將百篇詩一吐千丈氣蕭條歲行莫迨此霜雪未明朝出城南遺迹觀楚魏

西風迫吹帽金菊亂如沸願君勿言歸輕別吾所諱

次韻答頓起二首

挽袖推腰踏破紳舊聞携手上天門相逢應覺聲容似欲話先驚歲月奔新學已皆從許子諸生猶自畏何蕃殿廬直宿真如夢猶記憂時策萬言頓君及第時余為殿後編排官見其答策語頗直其後與子由試舉人西京既罷同登嵩山絕頂嘗見其唱酬詩十餘首頓詩中及之

十二東秦比漢京去年古寺共題名去歲見之於青州早衰怪我遽如許苦學憐君大瘦生茆屋擬歸田二頃金丹終掃雪千莖何人更似蘇司業和遍新詩滿洛城

東坡集卷第九

東坡集卷第十

詩七十七首

九日黃樓作

去年重陽不可說南城夜半千漚發水穿城下作雷
鳴泥滿城頭飛雨滑黃花白酒無人問日暮歸來洗
韡韈豈知還復有今年把琖對花容一呷莫嫌酒薄
紅粉陋終勝泥中千柄鍤黃樓新成壁未乾青河已
落霜初殺朝來白露如細雨南山不見千尋刹樓前
便作海茫茫樓下空聞櫓鴉軋薄寒中人老可畏熱
酒澆腸氣先壓煙消日出見漁村遠水鱗鱗山齾齾

詩人猛士雜龍虎坐客三十餘人多知名之士楚舞吴歌亂鵞鴨
一杯相屬君勿詞此境何殊泛清雲

太虚以黄樓賦見寄作詩為謝

我在黄樓上欲作黄樓詩忽得故人書中有黄樓詞
黄樓高十丈下建五丈旗楚山以為城泗水以為池
我詩無傑句萬景驕莫随夫子獨何妙雨雹散雷椎
雄詞雜今古中有屈宋姿南山多磬石清滑如流脂
朱蠟為摹刻細妙分毫釐佳處未易識當有來者知

九日次韻王鞏

我醉欲眠君罷休已教從事到青州鬢霜饒我三千

丈詩律輸君一百籌聞道郎君閉東閣且容老子上
南樓相逢不用忙歸去明日黃花蝶也愁

送頓起

客路相逢難為樂常不足臨行挽衫袖更賞折殘菊
佳人亦何念淒斷陽關曲酒闌不忍去共接一寸燭
留君終無窮歸駕不免促岱宗已在眼一往繼前躅
天門四十里夜看扶桑浴回頭望彭城大海浮一粟
故人在其下塵土相豗蹴惟有黃樓詩千古配淇澳

頓有詩記黃樓本末

送孫勉

昔年罷東武曾過北海縣白河翻雪浪黃土如烝麪
桑麻冠東方一熟天下賤是時累飢饉常苦盜賊變
每憐追胥官野宿風裂面君爲淮南秀文采照金殿（君嘗考中進士第一人）
胡爲事奔走投筆腰羽箭更被鬚髯將軍
豪篇來督戰（其兄莘老以詩寄之皆言戰事）親程三郡士玉石不能
衒欲知君得人失者亦稱善君才無不可要欲經百
鍊吾詩堪咀嚼聊送别酒嚥

李思訓畫長江絕島圖

山蒼蒼江茫茫大孤小孤江中央崖崩路絕猨鳥去
惟有喬木攙天長客舟何處來棹歌中流聲抑揚沙

平風軟望不到孤山久與船低昂峩峩兩煙鬟曉鏡

開新粧舟中賈客莫漫狂小孤前年嫁彭郎

次韻荅王鞏

我有方外客顏如瓊之英十年塵土窟一寸氷雪清

竭來從我游坦率見真情顧我無足戀戀此山水清

新詩如彈丸脫手不蹔停昨日放魚回衣巾滿浮萍

今日扁舟去白酒載烏程山頭見月出江路聞鼉鳴

莫作孺子歌滄浪濯吾纓吾詩自堪唱相子棹歌聲

張安道見示近詩

人物一衰謝微言難重尋殷勤永嘉末復聞正始音

清談未足多感時意殊深少年有奇志欲和南風琴
荒林蜩螿亂廢沼蛙蟈滛遂欲掩兩耳臨文但噫瘖
蕭然王郎子來自緱山陰其壻王鞏携來云見浮丘伯吹簫
明月岑遺聲落淮泗蛟鼉為悲吟頗公正王度祈招
繼愔愔

次韻王鞏顔復同泛舟

沈郎清瘦不勝衣邊老便便帶十圍躞蹀身輕山上
走讙呼舩重醉中歸舞腰似雪金釵落談辯如雲玉
麈麾憶在錢塘正如此回頭四十二年非

次韻張十七九日贈子由

干戈萬槊擁笓籬九日清樽豈復持是日南都官事敕使按兵

無窮何日了菊花有信不吾欺逍遥瓊館真堪羨取次塵纓未可縻迨此暇時須痛飲他年長劒拄君頤

次韻王翚獨眠

居士身心如槁木旅館孤眠體生粟誰能相思琢白玉服藥千朝償一宿天寒日短銀燈續欲往從之車脫軸何人吹斷參差竹泗水茫茫鴨頭綠

次韻王翚留别

去國已八年故人今有誰當時交游内未數蔡克兒豈無知我者好爵半已縻爭為東閣吏不顧北山移

公子表獨立與世頗異馳不詞千里遠成此一段奇
蛾眉亦可憐無奈思餅師無人伴客寢惟有支牀龜
君歸與何人文字相娛嬉持此調張子一笑當脫頤

登雲龍山

醉中走上黃茆岡滿岡亂石如群羊岡頭醉倒石作
牀仰看白雲天茫茫歌聲落谷秋風長路人舉首東
南望拍手大笑使君狂

次韻僧潛見贈

道人胸中水鏡清萬象起滅無逃形獨依古寺種秋
菊要伴騷人飡落英人間底處有南北紛紛鴻鴈何

曾冥閉門坐穴一禪榻頭上歲月空崢嶸今年偶出
為求法欲與慧劍加礱硎雲衲新磨山水出霜髭不
翦兒童驚公佚欲識不可得故知倚市無傾城秋風
吹夢過淮水想見橘柚垂空庭故人各在天一角相
望落落如晨星彭城老守何足顧棗林桑野相邀迎
千山不憚荒店遠兩脚欲趂飛猱輕多生綺語磨不
盡尚有宛轉詩人情猿吟鶴唳本無意不知下有行
人行空堦夜雨自清絕誰使掩抑啼孤惸我欲仙山
掇瑶草傾筐坐歎何時盈簿書鞭朴書填委煮茗燒
栗宜宵征乞取摩尼照濁水共看落月金盆傾

次韻潛師放魚

法師說法臨泗水無數天花隨麈尾勸將淨業種西方莫待夢中呼起起哀哉若魚竟坐口遠愧知幾穆生醴況逢孟簡對盧仝不怕校人欺子產疲民尚作魚尾赤數罟未除吾顙泚法師自有衣中珠不用辛苦沙泥底

與舒教授張山人參寥師同遊戲馬臺書西軒壁兼簡顏長道二首

古寺長廊院院行此軒偏慰旅人情楚山西斷如迎客汴水南來故遶城路失玉鉤芳草合林亡白鶴古

泉清淡游何以娛庠老坐聽郊原琢磬聲

竹杖芒鞋取次行下臨官道見人情天寒菽粟猶棲畝日莫牛羊自入城沽酒獨教陶令醉題詩誰似皎公清更尋陋巷顏夫子乞取微言繼此聲

滕縣時同年西園

人皆種榆柳坐待十畝陰我獨種松柏守此一寸心君看閭里間盛衰日駸駸種木不種德聚散如飛禽老時吾不識用意一何深知人得數士重義忘千金西園手所開珍木來千岑養此霜雪根遲彼鸞鳳吟池塘得流水龜魚自浮沉幽桂日夜長白花亂青衿

豈獨富草木子孫已成林拱把不知數會當出千尋
樊侯種梓漆壽張富華簪我作西園詩以為里人箴
次韻王廷老和張十七九日見寄
霜葉投空雀啅籬上樓筋力强扶持對花把酒未甘
老膏面染須聊自欺無事亦知君好飲多才終恐世
相縻請看平日銜杯口會有金椎為控頤
次韻參寥師寄秦太虛三絶句時秦君舉
進士不得
秦郎文字固超然漢武憑虛意欲仙底事秋來不得
解定中試與問諸天

一尾追風抹萬蹄崑崙玄圃謂朝隮回看世上無伯樂却道鹽車勝月題

得喪秋毫久已冥不須聞此氣崢嶸何妨却伴參寥子無數新詩咳唾成

與參寥師行園中得黃耳蕈

遺化何時取衆香法筵齋鉢久淒涼寒蔬病甲誰能採落葉空畦半已荒老楮忽生黃耳菌故人兼致白牙薑蕭然放筯東南去又入春山筍蕨鄉

百步洪二首 并叙

王定國訪余於彭城一日棹小舟與顔長道携盼英

卿三子游泗水北上聖女山南下百步洪吹笛飲酒乘月而歸余時以事不得往夜着羽衣佇立於黄樓上相視而笑以為李太白死世間無此樂三百餘年矣定國既去逾月復與參寥師放舟洪下追懷曩游已為陳迹喟然而歎故作二詩一以遺參寥一以寄定國且示顔長道舒堯文邀同賦云

長洪斗落生跳波輕舟南下如投梭水師絶叫鳬鴈起亂石一線争磋磨有如兎走鷹隼落駿馬下注千丈坡斷絃離柱箭脱手飛電過隙珠翻荷四山眩轉風掠耳但見流沫生千渦嶮中得樂雖一快何異水

伯夸秋河我生乘化日夜逝坐覺一念逾新羅紛紛
爭奪醉夢裏豈信荆棘埋銅駝覺來俯仰失千刼回
視此水殊委蛇君看岓邊蒼石上古來篙眼如蜂窠
但應此心無所住造物雖駃如余何回船上馬各歸
去多言曉曉師所呵
佳人未肯回秋波幼輿欲語防飛梭輕舟弄水買一
笑醉中蕩槳肩相磨不似長安閭里俠貂裘夜走燕
脂坡獨將詩句擬鮑謝涉江共採秋江荷不知詩中
道何語但覺兩頰生微渦我時羽服黃樓上坐見織
女初斜河歸來笛聲滿山谷明月正照金叵羅奈何

捨我入塵土擾擾毛群欺𦘕䶢不念空齋老病叟退
食誰與同委蛇時來洪上看遺迹忍見屐齒青苔窠
詩成不覺雙淚下悲吟相對惟羊何欲遣佳人寄錦
字夜寒手冷無人呵

送參寥師

上人學苦空百念已灰冷劍頭惟一吷焦穀無新穎
胡為逐吾輩文字爭蔚炳新詩如玉雪出語便清警
退之論草書萬事未嘗屏憂愁不平氣一寓筆所騁
頗怪浮屠人視身如丘井頹然寄淡泊誰與發豪猛
細思乃不然真巧非幻影欲令詩語妙無厭空且靜

靜故了群動空故納萬境閲世走人間觀身卧雲嶺

醎酸雜衆好中有至味永詩法不相妨此語當更請

夜過舒堯文戲作

先生堂前霜月苦弟子讀書喧兩廡推門入室書縱

横蠨紙燈籠晃雲母先生骨清少眠卧長夜默坐數

更鼓耐寒石硯欲生氷得火銅缾如過雨郎君欲出

先自贊坐客斂袵誰敢侮明朝阮籍過阿戎應作羲

之羨懷祖

十月十五日觀月黄樓席上次韻

中秋天氣未應殊不用紅紗照坐隅山下白雲横匹

素水中明月卧浮圖未成短棹還三峽已約輕舟泛
五湖為問登臨好風景明年還憶使君無

荅王定民

開緘弈弈滿銀鉤書尾題詩語更遒八法舊聞宗長
史五言今復擬蘇州筆蹤好在留臺寺旗隊遥知到
石溝欲寄鼠須并璽紙請君章草賦黄樓

次韻王廷老退居見寄二首

浪蘂浮花不辨春歸來方識歲寒人回頭自笑風波
地閉眼聊觀夢幻身北牖已安陶令榻西風還避庾
公塵更搔短髮東南望試問今誰裹舊巾

接果移花看補籬腰鎌手斧不妨持上都新事長先到老圃閑談未易欺釀酒閉門開社甕殺牛留客解耕縻何時得見攕攕玉右手持盃左捧頤

次顏長道韻送傅倅

兩見黃花掃落英南山山寺遍題名宗成不獨依岑范魯衛終當似弟兄去歲雲濤浮汴泗與君涅土滿衣纓如今別酒休詞醉試聽雙洪落後聲

雲龍山觀燒得雲字

丁女真水妃寒山便火耘隕霜知已殺培戶聽初焚束緼方熠燿敲石俄氤氳落點甘泉烽橫煙楚塞氛

窮虵上喬木潛蛟躡浮雲驚飛墮傷鴈狂走迷癡麐
谷蟄起蜩鷩山妖竄夔羵野竹爆哀聲幽桂飄宂芬
悲同秋照蠏快若夏燎蚊火牛入燕壘燧象奔吴軍
崩騰井陘口萬馬皆朱幘摇曳驪山陰諸姨爛紅裙
方隨長風卷忽值絶澗分我本山中人習見匪獨聞
偶從二三子來訪張隱君君家亦何有物象移朝曛
把酒看飛燼空庭落繽紛行觀農事起畦壠如纈紋
細雨發春潁嚴霜倒秋蕡始知一炬力洗盡狐兎群

和田國博喜雪

疇昔月如晝曉來雲暗天玉花飛半夜翠浪舞明年

螟螣無遺種流亡稍占田歲豐君不樂鍾磬幾時編田有服不樂

祈雪霧猪泉出城馬上作贈舒堯文

三年走吳越踏遍千重山朝隨白雲去莫與棲鴉還
翩如得木狖飛步誰能攀一為符竹累坐老敲搒閒
此行亦何事聊散腰脚頑浩蕩城西南亂山如玦環
山下野人家桑柘雜榛菅歲晏風日暖人牛相對閑
薄雪不蓋土麥苗稀可删願君發豪句嘲詼破天慳

次韻舒堯文祈雪霧猪泉

長笑蚍醫一寸腹銜冰吐雹何時足蒼鵝無罪亦可

憐斬頸横盤不敢哭豈知泉下有猪龍卧枕雷車踏陰軸前年太守為旱請雨點随人如撒蒴傳欽之曾禱此泉得雨太守歸國龍歸泉至今人詠淇園緑我今又復罹此旱凜凜疲民在溝瀆却尋舊迹叩神泉坐客仍携王子淵欽之時客惟舒在矣看草中和樂職頌新聲妙語慰華顛曉來泉上東風急須上冰珠老蛟泣怪詞欲逼龍飛起崄韻不量吾所及行看積雪厚埋牛誰與春工掀百蟄此時還復借君詩餘力汰輈仍貫笠揮毫落紙勿言疲驚龍再起震失匙

石炭 幷引

彭城舊無石炭元豐元年十二月始遣人訪獲於州之西南白土鎮之北以冶鐵作兵犀利勝常云

君不見前年雨雪行人斷城中居民風裂骭濕薪半束抱衾裯日莫敲門無處換豈料山中有遺寶磊落如䃜萬車炭流膏迸液無人知陣陣腥風自吹散根苗一發浩無際萬人鼓舞千人看投泥潑水愈光明爍玉流金見精悍南山栗林漸可息北山頑鑛何勞鍛為君鑄作百煉刀要斬長鯨為萬段

人日獵城南會者十人以身輕一鳥過槍急萬人呼為韻軾得鳥字

兒童笑使君憂慍長悄悄誰拈白接䍦令跨金騕褭東風吹灦雪手冷怯清曉忽發兩鳴鶴相趂飛蝱小放弓一長嘯目送孤鴻矯吟詩忘鞭轡不語頭自挑歸來仍脫粟鹽豉煮芹蓼何似雷將軍兩眼霜鶻皎黑頭已為將百戰意未了馬上倒銀缾得兎不暇燎少年負奇志蹭蹬百憂繞回首英雄人老死已不少青春還一夢餘年真過鳥莫上呼鷹臺平生笑劉表

將官雷勝得過字代作

胡騎入雲中急烽連夜過短刀穿虜陣濺血貂裘涴一來輦轂下愁悶惟欲卧今朝從公獵稍覺天宇大

一雙鐵絲箭未發手先嘑射殺雪毛狐腰間餘一箇

臺頭寺步月得人字

風吹河漢掃微雲步屧中庭月趂人浥浥爐香初泛夜離離花影欲摇春遥知金闕同清景想見氈車輾暗塵回首舊游真是夢一簪華髮岸綸巾

臺頭寺送宋希元

相從傾蓋只今年送别南臺便黯然入夜更歌金縷曲他時莫忘角弓篇（是日與宋君同栽松寺中）三年不顧東鄰女取（宋玉）二頃方求負郭田（取季子）我欲歸休君未可茂先方議斸龍泉

種松得徠字 其四在懷古堂 其六在石經院

春風吹榆林亂英飛作堆荒園一雨過戢戢千萬栽青松種不生百株望一枚一枚已有餘氣壓千畝槐野人易斗粟云自魯徂徠魯人不知貴萬竈飛青煤束縛同一車胡爲乎來哉泫然解其縛清泉洗浮埃枝傷葉尚困生意未肯回山僧老無子養護如嬰孩坐待走龍蛇清陰滿南臺孤根裂山石直榦排風雷我今百日客養此千歲材 時去替不百日 伏苓無消息雙鬢日夜摧古今一俛仰作詩寄餘哀

作詩寄王晉卿忽憶前年寒食北城之游

走筆為此詩

北城寒食煙火微落花胡蝶作團飛王孫出游樂忘歸門前驄馬紫金鞿吹笙帳底煙霏霏行人舉頭誰敢睎扣門狂客君不麾更遣傾城出翠幃書生老眼省見稀畫圖但覺周昉肥別來春物已再菲西望不見紅日圍何時東山歌采薇把琖一聽金縷衣

往在東武與人往反作粲字韻詩四首今黃魯直亦次韻見寄復和荅之

符堅破荊州止獲一人半中郎老不遇但喜識元歎我今獨何幸文字厭奇玩又得天下才相從百憂散

陰求我輩人覘作林泉伴盌當待垂老倉卒收一旦
不見梁伯鸞空對孟光案才難不其然婦女廁周亂
世豈無作者於我如既盥獨喜誦君詩咸韶音節緩
夜光一已多矧獲纍纍貫相思君欲瘦不往我真懦
吾儕眷微祿寒夜抱寸炭何時定相過徑就我乎館
飄然東南去江水清且暖相與訪名山微言師忍粲

雪齋 杭僧法言作雪山於齋中

君不見峨眉山西雪千里北望城都如井底春風百
日吹不消五月行人如凍蟻紛紛市人爭奪中誰信
言公似贊公人間熱惱無處洗故向西齋作雪峰我

夢扁舟遷吳越長廊靜院燈如月開門不見人與牛
惟見空庭滿山雪言有詩見寄云林下閑看水牯牛

以雙刀遺子由子由有詩次其韻

寶刀匣不見但見龍雀鏤何曾斬蛟蛇亦未切琅玕
胡爲穿窬輩見之要領寒吾刀不汝問有愧在其肝
念此乃自藏包之虎皮斑湛然如古井終歲不復瀾
不憂無所用憂在用者難佩之非其人匣中自長歎
我老衆所易屢遭非意干惟有王玄通階庭秀芳蘭
知子後必大故擇刀所便屠狗非不用一歲六七刓
欲試百鍊剛要須更泥蟠作詩銘其背以待知者看

游桓山會者十人以春水滿四澤夏雲多

奇峰爲韻得澤字

東郊欲尋春未見鷺花迹春風在流水凫鴈先拍拍

孤帆信溶漾弄此半篙碧艤舟桓山下長嘯理輕策

彈琴石室中幽響清礫礫弔彼泉下人野火失枯腊

悟此人間世何者爲真宅暮回百步洪散坐洪上石

愧我非王襄子淵肯見客臨流吹洞簫水月照連璧

謂王氏兄弟也 此歡真不朽回首歲月隔想象斜川游作詩

繼彭澤

戴道士得四字代作

少小家江南寄跡方外土偶隨白雲出貫鄉彭城市
雪霜侵鬢髮塵土汙冠袂賴此三尺桐中有山水意
自從庚夏亂七絃久已棄平心知康鳴三不及胡琴四
使君獨慕古嗜好與衆異共弔桓魋宮一灑孟嘗淚
歸來鎖塵匣獨對斷紋胃挂名石壁間窮寞千歲事

次韻田國博部夫南京見寄二絕

歲月翩翩下坂輪歸來杏子已生仁深紅落盡東風
惡柳絮榆錢不當春
火冷餳稀杏粥稠青裙縞袂飾田頭大夫行役家人
怨應羨居鄉馬少游

月夜與客飲酒杏花下

杏花飛簾散餘春明月入戸尋幽人褰衣步月踏花影烱如流水涵青蘋花間置酒清香發爭挽長條落香雪山城薄酒不堪飲勸君且吸盃中月洞簫聲斷月明中惟憂月落酒杯空明朝卷地春風惡但見綠葉棲殘紅

送蜀人張師厚赴殿試二首

忘歸不覺鬢毛斑好事鄉人尚往還斷嶺不遮西望眼送君直過楚王山

雲龍山下試春衣放鶴亭前送落暉一色杏花三十

里新郎君去馬如飛

再次韻荅田國傅部夫還二首

西郊黃土没車輪滿面風埃笑路人巳放後夫三萬
指從教積雨洗殘春

枝上稀疎地上稠忍看紅糝落墻頭風流別乗多才
思歸趂西園秉燭游

田國傅見示石炭詩有鑄劍斬佞臣之句
次韻荅之

楚山鐵炭皆奇物知君欲斫姦邪窟屬鏤無眼不識
人楚國何曾斬無極玉川狂直古遺民救月裁詩語

最真千里妖蟇一寸鐵地上空愁蟣蝨臣

荅郡中同僚賀雨

水旱行十年飢疫遍九土奇窮所向惡歲歲祈晴雨
雖非為巳求重請終愧古鬼神亦知我老病入腰膝
何曾拜向人此意難不許重雲淒巳合微潤先流礎
蕭蕭止還作坐聽及三鼓天明將吏集涅土滿靴屨
登城望麰麥綠浪風掀舞愧我賢友生雄篇鬬新語
君看大熟歲風雨占十五天地本無功祈禳何足數
渡河不入境豈若無蝗痡而況刑白鵝下策君勿取

罷徐州往南京馬上走筆寄子由五首

吏民莫扳援歌管莫悽咽吾生如寄耳寧獨為此别

别離隨處有悲惱緣愛結而我本無恩此涕誰為設

紛紛等兒戲鞭鐙遭割截道邊雙石人幾見太守發

有知當解笑撫掌冠纓絶

父老何自來花枝裊長紅洗琖拜馬前請壽使君公

前年無使君魚鼈化兒童舉鞭謝父老正坐使君窮

窮人命分惡所向招災凶水來非吾過去亦非吾功

古汴從西來迎我向南京東流入淮泗送我東南行

蹔别還復見依然有餘情春雨漲微波一夜到彭城

過我黄樓下朱欄照飛甍可憐洪上石誰聽月中聲

前年過南京麥老櫻桃熟今來舊遊處櫻麥半黃綠

歲月如宿昔人事幾反覆青衫老從事坐穩生髀肉

聯翩閱三守迎送如轉轂歸耕何時決田舍我已卜

卜田向何許石佛山南路下有爾家川千畦種秔稌

山泉宅龍蜃平地走膏乳異時畝一金近欲為逃戶

逝將解簪紱賣劍買牛具故山豈不懷廢宅生蒿櫓

便恐桐鄉人長祠仲卿墓

次韻曹九章見贈

蘧瑗知非我所師流年已似手中蓍正平獨肯從文

舉中散何曾靳孝尼賣劍買牛真欲老得錢沽酒更

無疑雞豚異日為同社應有千篇唱和詩

書泗州孫景山西軒

落日明孤塔青山繞病身知君向西望不愧塔中人

過淮三首贈景山兼寄子由

好在長淮水十年三往來功名真已矣歸計亦悠哉

今日風憐客平時浪作堆晚來洪澤口捍索響如雷

過淮山漸好松檜亦蒼然藹藹藏孤寺泠泠出細泉

故人真吏隱小檻帶巖偏却望臨淮市東風語笑傳

回首濉陽幕簿書高没人何時桐柏水一洗庾公塵

此去漸佳境獨游長慘神待君詩百首來寫浙西春

舟中夜起

微風蕭蕭吹菰蒲開門看雨月滿湖舟人水鳥兩同夢大魚驚竄如奔狐夜深人物不相管我獨形影相嬉娛暗潮生渚弔寒蚓落月挂柳看懸蛛此生忽忽憂患裏清境過眼能須臾雞鳴鍾動百鳥散船頭擊鼓還相呼

余去金山五年而復至次舊詩韻贈寶覺長老

誰能斗酒博西涼但愛齋厨法豉香舊事真成一夢過高談為洗五年忙清風偶與山阿曲明月聊隨屋

角方稽首願師憐久客直將歸路指茫茫

遊惠山 并敘

余昔為錢塘倅往來無錫未嘗不至惠山既去五年復為湖州與高郵秦太虚杭僧參寥同至覽唐處士王武陵竇群朱宿所賦詩愛其語清簡蕭然有出塵之姿追用其韻各賦三首

夢裏五年過覺來雙鬢蒼還將塵土足一步漪瀾堂

俯窺松桂影仰見鴻鶴翔炯然肝肺間已作冰玉光

虚明中有色清淨自生香還從世俗去永與世俗忘

薄雲不遮山踈雨不濕人蕭蕭松徑滑策策芒鞋新

嘉我二三子皎然無淄磷勝游豈殊昔清句仍絶塵
弔古泣舊史疾讒歌小旻哀哉扶風子難與巢許鄰

謂寶群

敲火發山泉烹茶避林樾明牕傾紫琖色味兩奇絶
吾生眠食耳一飽萬想滅頗笑玉川子飢弄三百月
豈如山中人睡起山花發一甌誰與共門外無來轍

贈惠山僧惠表

行遍天涯意未闌將心到處遣人安山中老宿依然
在案上楞嚴已不看欹枕落花餘幾片閉門新竹自
千竿客來茶罷空無有盧橘楊梅尚帶酸

贈錢道人

書生苦信書世事仍臆度不量力所負輕出千鈞諾當時一快意事過有餘怍不知幾州鐵鑄此一大錯我生涉憂患常恐長罪惡靜觀殊可喜脚淺猶容却而况錢夫子萬事初不作相逢更何言無病亦無藥

與秦太虛參寥會于松江而關彥長徐安中適至分韻得風字二首

吴越溪山興未窮又扶衰病過垂虹浮天自古東南水送客今朝西北風絶境自忘千里遠勝游難復五人同舟師不會留連意擬看斜陽萬頃紅

二子緣詩老更窮人間無處吐長虹平生睡足連江
雨盡日舟橫擘岸風人笑年來三黜慣天教我輩一
樽同知君欲寫長相憶更送銀盤尾鬣紅

次韻關令送魚

舉網驚呼得巨魚饞涎不易忍流酥更煩赤脚長須
老來趁西風十幅蒲

東坡集卷第十

重刊明成化本東坡七集

東坡集卷第十一

詩七十二首

次韻秦太虚見戲耳聾

君不見詩人借車無可載留得一錢何足賴晚年更似杜陵翁右臂雖存耳先聵人將蟻動作牛鬭我覺風雷真一噫聞塵掃盡根性空不須更枕清流派大朴初散失混沌六鑿相攘更勝敗眼花亂墜酒生風口業不停詩有債君知五蘊皆是賊人生一病今先差但恐此心終未了不見不聞還是礙今君疑我特佯聾故作嘲詩窮嶮怪須防額癢出三耳莫放筆端風雨快

端午遍遊諸寺得禪字

肩輿任所適遇勝輒留連焚香引幽步酌茗開淨筵微雨止還作小窗幽更妍盆山不見日草木自蒼然忽登最高塔眼界窮大千卞峰照城郭震澤浮雲天深沉既可喜曠蕩亦所便幽尋未云畢墟落生晚煙歸來記所歷耿耿清不眠道人亦未寢孤燈同夜禪

送劉寺丞赴餘姚

中和堂後石楠樹與君對牀聽夜雨玉笙哀怨不逢人但見香煙橫碧縷謳吟思歸出無計坐想蟋蟀空房語明朝開鎖放觀潮豪氣正與潮爭怒銀山動地君不看

獨愛清香生雪霧别來聚散如宿昔城郭空存鶴飛去
我老人間萬事休君亦洗心從佛祖手香新寫法界觀
眼淨不覷登伽女餘姚古縣亦何有龍井白泉甘勝乳
千金買斷顧渚春似與越人降日注

李公擇過高郵見施大夫與孫莘老賞花詩憶與僕去歲會于彭門折花餽筍故事作詩二十四韻見戲依韻奉荅亦以一戲公擇云爾

汝陽真天人絹帽著紅槿纓頭三伯萬不買一徽哂共
誇青山峰曲盡花不隕當時謫仙人逸韻謝封畛詩成
天一笑萬象解寒窘鶯開小桃杏不待雷發軫餘波尚

消滴乞與居易積爾來誰復見前輩風流盡寂寞兩詩人殘紅對櫻筍飢腸得一醉妙語傳不泯君來恨不與去更復相牽引我老心已灰空煩扇餘燼天遊照六鑿虛室掃充籾懸知色竟空那復嗜烏吻蕭然一方丈居士老龐蘊散花從滿裓不荅天女問故人猶故目怨句寫餘恨疑我此心在遮防費欄楯應虞已甃蚍折尾時一蠢及聞孟光賢未學慁仲忍開閤放出事見本傳寄招應已足左右侍雲鬟眞何時花月夜羊酒謝不敏此生如幻耳戲語君勿愠應同亡是公一對子虛听

王鞏清虛堂

清虛堂裏王居士閉眼觀身如止水水中照見萬象空敢問堂中誰隱几吴興太守老且病堆案滿前長渴睡願君勿哄反自觀夢幻去來殊未已長疑安石恐不免未信犀首終無事勿將一念住清虛居士與我蓋同耳

和孫同年卞山龍洞禱晴

吴興連月雨釜甑生魚蛙往問卞山龍曷不安厥家梯空上巉絶俯視驚谽谺神井湧雲蓋陰崖垂蘚花交流百道泉赴谷走群虵不知落何處隱隱如繅車我來叩石戸飛鼠翻白鴉寄語洞中龍睡味豈不嘉雨師少弭節雷師亦停檛積水得反壑稻苗出泥沙農夫免菜色

龍亦飽豚豭看君擁黃紬高卧放晚衙

乘舟過賈收水閣收不在見其子三首

愛酒陶元亮能詩張志和青山來水檻白雨滿漁蓑淚垢添丁面貧低舉案蛾不知何所樂竟夕獨酣歌

嫋嫋風蒲亂猗猗水荇長小舟浮鴨綠大杓瀉鵝黃得意詩酒社終身魚稻鄉樂哉無一事何處不清涼

曳杖青苔岸繫舩枯柳根德公方上冢季路獨留言巳占蒲魚港更開松菊園從玆來往數兒女自應門

次韻孫祕丞見贈

感槩清哀似變風老於詩句耳偏聰迂踈自笑成何

事泠淡誰能用許功不怕飛蚊如立豹肯隨白鳥過垂虹吟哦相對忘三伏擬泛冰溪入雪宮湖州多蚊豹脚有毒垂虹吴江亭名

與客遊道場何山得鳥字

清溪到山盡飛路盤空小紅亭與白塔隱見喬木杪中休得小庵孤絶寄雲表洞庭在北戸雲水天渺渺庵僧俗緣盡淨業洗未了十年畫鷁竹盎以詩自繞高堂儼像設禪室各深窈奔泉何處來華屋過溪沼何山隔幽谷去路清且悄長松度翠蔓絶壁掛啼鳥我友自抗來尚歎所歷少歸塗風雨作一洗紅日燎俄驚萬竅號黑霧卷蓬蓼舟人紛變色坐羡輕鷗矯我獨换酒杯醉

死勝流殍書生例強很造物空煩擾更將掀舞勢把燭
畫風篠美人為破顏正似腰支嫋明朝便陳迹清景墮
空杳作詩記餘歡萬古一昏曉

僕去杭五年吳中仍歲大飢疫故人往往逝去
聞湖上僧舍不復往日繁麗獨淨慈本長老
學者益盛作此詩寄之

來往三吳一夢間故人半作冢纍然獨依舊社傳真
法要與遺民度厄年趙叟近聞還印綬竺翁先已
返林泉何時杖策相隨去任性逍遥不學禪

舶趠風并引

吴中梅雨既過颯然清風彌旬歲歲如此湖人謂之舶趠風是時海舶初回云此風自海上與舶俱至云爾

三旬已過梅黃雨萬里初來舶趠風幾處縈回度山曲一時清駃滿江東驚飄蔌蔌先秋葉喚醒昏昏嗜睡翁欲作蘭臺快哉賦却嫌分別問雌雄

丁公默送蝤蛑

溪邊石蟹小如錢喜見輪囷赤玉盤半殼含黃宜點酒兩螯斫雪勸加飡蠻珍海錯聞名久怪雨腥風入座寒堪笑吴興饞太守一詩換得兩尖團

送孫著作赴考城兼寄錢醇老李邦直二君於

孫處有書見及

使君閑如雲欲出誰肯伴清風獨無事一嘯亦可喚來從白蘋洲吹我明月觀門前遠行客青衫流白汗問子何忽忽王事不可緩故人錢與李清廟兩圭瓚蔚爲萬乘器尚記溝中斷子亦東南珎價重不可筭别情何以慰酒盡對空案惟持一榻涼勸子巾少岸此風那復有塵土飛灰炭欲寄二大夫發發不可絆

泛舟城南會者五人分韻賦詩得人皆苦炎字

四首

城中樓閣似魚鱗不見清風起白蘋試選苕溪最深處仍

呼我輩不羈人窺舩野鶴何曾下見燭飛蟲空自馴遶

郭荷花一千頃誰知六月下塘春

苦熱誠知處處皆何當危坐學心齋海螯要共詩人把

溪月行遭霧雨霾鄉國飄零斷書信弟兄流落隔江

淮便應築室苕溪上荷葉遮門水浸堦

紫蟹鱸魚賤如土得錢相付何曾數碧筩時作象鼻彎

白酒微帶荷心苦運肘風生看斫膾随刀雪落驚飛縷

不將醉語作新詩飽食應憨腹如鼓

橋上游人夜未厭共依水檻立風簷樓中煮酒初嘗芡

月下新粧半出簾南郭清游繼顏謝北窓歸卧等羲炎

人間寒熱無窮事自笑踈頑不受痁

次韻李公擇梅花

詩人固長貧日午飢未動偶然得一飽萬象困嘲弄尋花不論命愛雪長忍凍天公非不憐聽飽即喧閧君為三郡守所至滿賓從江湖常在眼詩酒事豪縱奉使令折磨清比於陵仲永懷茶山下攜妓脩春貢更憶檻泉亭插花雲髻重蕭然臥灊麓愁聽春禽哢忽見早梅花不飲但孤諷詩成獨寄我字字愈頭痛嗟君本侍臣筆橐從上雍脫韡吟芍藥給札賦雲夢何人慰流落嘉蘤天為種杯傾笛中吟帽拂果下鞚感時忘羈旅此意

吾儕共故山亦何有桐花集么鳳君亦憶匡廬歸掃藏
書洞何當種此花各抱漢陰甕

送淵師歸徑山

我昔嘗為徑山客至今詩筆餘山色師住此山三十年妙
語應須得山骨溪城六月水雲蒸飛蚊猛捷如花鷹
羨師方丈冰雪冷蘭膏不動長明燈山中故人知我至
爭來問訊今何似為言百事不如人兩眼猶能書細字
徑山夏無蚊余舊詩云問龍乞水歸洗眼欲看細字消殘年

送表忠觀錢道士歸杭

先王舊德在民心著令稱忠上意深隨墮淚行看會祠

下挂名爭欲刻碑陰淒涼破屋塵凝座憔悴雲孫雪滿簪未信諸豪容郭解却從他縣施千金

次韻周開祖長官見寄

俯仰東西閱數州老於岐路豈伶優初聞父老推謝令旋見兒童迎細侯政拙年年祈水旱民勞處處避嘲謳河吞巨野那容塞盜入蒙山不易搜仕道固應慙孔孟扶顛未可責求由漸謀田舍猶懷禄未脫風濤且傍洲罔罔可憐真喪狗時時相觸是虛舟竭來震澤都如夢只有苕溪可倚樓齋釀酸甜如蜜水樂工零落似風颿遠思顏柳弁諸謝近憶張子野陳令舉與老劉孝叔風

定軒窓飛豹脚雨餘欄檻上蝸牛舊遊到處皆蒼蘚同
甲惟君尚黑頭憶昔湖山共尋勝相逢杯酒兩忘憂醉
看梅雪清香過夜棹風舩駭汗流百首共成山上集三人
俱作月中遊海南未起垂天翼澗底仍依徑寸麻已許
秋風歸過我預憂詩筆老難讎此生歲月行飄忽晚節
功名亦繆悠犀首正緣無事飲馮驩應為有魚留從
今便踏青州麴薄酒知君笑習鄅

林子中以詩寄文與可及余與可既沒追和其
韻

斯人所甚厭投畀每不受欲其少須臾奪去惟恐後云

誰尸此職無乃亦假守賦才有巨細無異斛與斗胡不安其分但聽物所誘時來各飛動意合無姸醜坐令雞栖車長載朱伯厚平生無一旅既死咤萬口自聞與可亡曾臆生堆阜懸知臨絶意要我一執手相望五百里安得自其牖遺文付來哲後事待諸友伶俜嵇紹孤老病孟光偶世人賤目見争㕭千金帚君詩與楚詞識者當有取但知愛墨竹此歎吾已久故人多厚禄能復哀君否不見林與蘇飢寒自奔走

與王郎昆仲及兒子邁遶城觀荷花登峴山亭晚入飛英寺分韻得月明星稀四首

昨夜雨鳴渠曉來風襲月蕭然欲秋意溪水清可啜環
城三十里處處皆佳絶蒲蓮浩如海時見舟一葉此間
真避世青蒻低白髮相逢欲相問已逐驚鷗沒

清風定向物可愛不可名所至如君子草木有嘉聲我
行本無事孤舟任斜横中流自偃仰適與風相迎舉杯
屬浩渺樂此兩無情歸來兩溪間雲水夜自明

苕水如漢水鱗鱗鴨頭青吴興勝襄陽萬瓦浮青溟我
非羊叔子愧此峴山亭悲傷意則同歲月如流星從我
兩王子高鴻插脩翎湛輩何足道當以德自銘

吏民憐我懶鬬訟日已稀能爲無事飲可作不夜歸復

三、九五

尋飛英滂盡此一寸暉撞鐘履聲集顛倒雲山衣我來無時節杖屨自推扉莫作使君看外似中已非

城南縣尉水亭得長字

兩尉欝相望東南百步場揷旗蒲柳市伐鼓水雲鄉已作觀魚檻仍開射鴨堂全家依畫舫極目亂紅粧瀲瀲波頭細踈踈雨脚長我來閑濯足溪漲欲浮牀澤國山圍裏孤城水影傍欲知歸路處葦外記風檣

與胡祠部遊法華山

陂湖欲盡山為界始見寒泉落高派道人未放泉出山曲折虛堂瀉清快使君年老尚兒戲緑棹紅舩舞澎湃

一笑翻杯水濺裙餘懽濯足波生隘長松攙天龍起立
蒼藤倒谷雲崩壞仰穿蒙窓得清曠一覽震澤吁可怪
誰云四萬八千頃渺渺東盡日所曬歸塗千里盡風荷清
唱一聲聞露薤是日樂工有作此聲者嗟余少小慕真隱白髮青衫
天所械忽逢佳士與名山何異枯楊便馬疥君猶鸞鶴
偶飄墮六翮如雲豈長鎩不將新句紀兹遊恐負山中
清淨債

又次前韻贈賈耘老

具區呑滅三州界浩浩湯湯納千派從來不著萬斛船
只許漁舟恣奔快仙壇古洞不可到空聽餘瀾鳴湃湃

今朝偶上法華嶺縱觀始覺人寰隘山頭卧碣弔孤

冢下有至人僵不壞空餘白棘網秋蟲無復青蓮出幽

怪事見本院碑我來徙倚長松下欲掘伏苓親洗晒聞道山

中富奇藥往往靈芝雜葵薤詩人空腹待黄精三事

只看長柄械杜子美詩云長鑱短鑱白木柄我生託子以為命今年大熟期一飽

食葉微蟲真癖疥耘云今歲有小蟲食根葉不甚為害白花半落紫毿

香攘臂欲助磨鎌鎩安得山泉變春酒與子一洗尋常

債

趙閲道高齋

見公奔走謂公勞聞公隱退云公高公心底處有高

下夢幻去來隨所遭不知高齋竟何義此名之設緣吾曹公年四十已得道俗緣未盡餘伊皐功名富貴俱逆旅黄金知繫何人袍超然已了一大事挂冠而去真秋毫坐看猿猱落罝罔兩手未肯置所操乃知賢達與愚陋豈直相去九牛毛長松百尺不自覺企而羡者蓬與蒿我欲羸粮往問道未應舉臂詞盧敖

送俞節推（尚之子尚字退翁）

吳興有君子淡如朱絲琴一唱三太息至今有遺音嗟余與夫子相避如辰參（退翁官于蜀余在京師余歸而退翁去及余官於吴興則退翁亡矣）猶喜見諸郎窈然清且深異時多良士末路喪初心我

生不有命其肯枉尺尋

次韻荅孫侔

十年身不到朝廷欲伴騷人賦落英但得低頭拜東野不詞中路伺淵明艤舟苕霅人安在卜築江淮計已成千里論交一言足與君蓋亦不須傾

重寄一首

凛然高節照時人不信微官解浼君蔣濟謂能來阮籍薛宣真欲吏朱雲好詩衝口誰能擇俗子疑人未遣聞乞取千篇看俊逸不將輕比鮑參軍

次韻和劉貢甫登黃樓見寄并寄子由二首

清派連淮上，黄樓冠海禺。此詩尤偉麗，夫子許魁梧。劉為人短小
世俗輕瑚璉，巾箱襲碔砆。坐令乘傳遽，奔走為儲須。邂
逅我已失，登臨誰與俱。貧貪倉氏粟，身聽治家撫。會
合難前定，歸休試後圖。腴田未可買，窮鬼却須呼。本欲買田於泗上，近已不遂矣
二水何年到，雙洪不受艫。至今清夜夢，飛轡策
天吴。此詩寄劉
與子皆去國，千年天一禺。數奇逢惡歲，計拙集枯梧。好士
餘劉表，窮交憶灌夫。不矜持漢節，猶許攬桓須。清句
金絲合，高樓雪月俱。吟哦出新意，指畫想前橅。子由初赴南京

送之出東門登城上覽山川之勝云此地可作樓觀於是始有改築之意自寫千言賦新裁六幅

圖近以絹自寫子由黃樓賦為六幅圖甚妙傳看一坐聳勸著尺書呼莫使

騷人怨東游不到吳此詩寄子由

陳州與文郎逸民飲別携手河堤上作此詩

白酒無聲滑瀉油醉行堤上散吾愁春風料峭羊角

轉河水渺綿瓜蔓流君已思歸夢巴峽我能未到說

黃州此生聚散何窮已未忍悲歌學楚囚

子由自南都來陳三日而別

夫子自逐客向能哀楚囚奔馳二百里徑來寬我憂

相逢知有得道眼清不流別來未一年落盡驕氣浮

嗟我晚聞道款啓如孫休至言雖久服放心不自收悟彼善知識妙藥應所投納之憂患場磨以百日愁冥頑雖難化鐫發亦已周平時種種心次第去莫留但餘無所遠永與夫子遊此别何足道大江東西州畏虵不下榻睡足吾無求便為齊安民何必歸故丘

正月十八日蔡州道上遇雪次子由韻二首

蘭菊有生意微陽回千根方憂集莫雪復喜迎朝暾憶我故居室浮光動南軒松竹半傾瀉未數葵與萱三徑瑶草合一缾井花温至今行吟處向餘履舄痕一朝出從仕永愧李仲元晚歲益可羞犯雪方南奔山城買

廢圃槁葉手自撧長使齊安人指説故侯園
鋊膏染髭須旋露霜雪根不如閉目坐舟府夜自瞰誰知
憂患中方寸寓義軒大雪從壓屋我非兒女萱平生學
踵息坐覺兩韉溫下馬作雪詩滿地鞭箠痕佇立望原
野悲歌為黎元道逢射獵子遥指狐兎奔蹤跡尚可尋
窟穴何足掀寄謝李丞相吾將反丘園

過新息留示鄉人任師中（任時知瀘州亦坐事對獄）

昔年嘗羡任夫子卜居新息臨淮水怪君便爾忘故鄉
稻熟魚肥信清美竹陂鴈起天為黑（小竹陂在縣北）桐柏煙橫山
半紫（桐柏廟在縣南）知君坐受兒女困悔不先歸弄清泚塵

埃我亦失收身此行蹭蹬尤可鄙寄食方將依白足附書未免煩黃耳往雖不及來有年詔恩倘許歸田里却下關山入蔡州為買烏犍三百尾黃州出水牛

過淮

朝離新息縣初亂一水碧莫宿淮南村已渡千山赤麏麚號古戍霧雨暗破驛回頭梁楚郊永與中原隔黃州在何許想像雲夢澤吾生如寄耳初不擇所適但有魚與稻生理已自畢獨喜小兒子少小事安佚相從艱難中肝肺如鐵石便應與晤語何止寄衰疾時家在子由處獨與兒子邁南來

書磨公詩後并序

四、另五

過加祿鎮南二十五里大許店休焉于逆旅祁宗祥家見壁上有幅紙題詩云滿院秋光濃欲滴老僧倚杖青松側只怪高聲問不應瞋余踏破蒼苔色其後題云淦水僧寶馨宗祥謂余此光黃間狂僧也年百三十死於熙寧十年既死人有見之者宗祥言其異事甚多作是詩以識之馨公本名清戒俗謂之戒和尚云

馨公昔未化來往淮山曲壽逾兩甲子氣壓諸尊宿但嗟濁惡世不受龍象蹴我來不及見悵望空遺躅霜顱隱白毫鎖骨埋青玉皆云似達磨隻履還天竺壁間餘清詩字勢頗拔俗為吟五字偈一洗凡眼肉

游淨居寺并叙

寺在光山縣南四十里大蘇山之南小蘇山之北寺僧居仁為余言齊天保中僧思惠過此見父老問其姓曰蘇氏又得二山名乃歎曰吾師告我遇三蘇則住遂留結庵而父老竟無有蓋山神也其後僧智顗見思於此山而得法焉則世所謂思大和尚智者大師是也唐神龍中道岸禪師始建寺於其地廣明庚子之亂寺廢於兵火至乾興中乃復而賜名曰梵天云

十載游名山自製山中衣願言畢婚嫁携手老翠微不悟俗緣在失身蹈危機刑名非夙學陷穽損積威

三、四九

遂恐死生隔永與雲山違今日復何日芒鞋自輕飛

稽首兩足尊舉頭雙涕揮靈山會未散八部猶光

輝願從二聖往一洗千刼非褱回竹溪月空翠揺煙

霏鐘聲自送客出谷猶依依回首吾家山歲晚將焉

歸

梅花二首

春來幽谷水潺潺的皪梅花草棘間一夜東風吹石

裂半隨飛雪渡關山

何人把酒慰深幽開自無聊落更愁幸有清溪三百曲

不詞相送到黃州

戲作種松

我昔少年日種松滿東岡初移一寸根瑣細如插秧二
年黃茅下一一攢麥芒三年出蓬艾滿山散牛羊不見
十餘年想作龍蛇長夜風波浪碎朝露珠璣香我欲食
其膏已伐百本桑（煮松脂法用桑柴灰水）事多乖迕神藥竟渺茫
朅來齋安野夾路須髯蒼會開龜蛇窟不惜斤斧瘡
縱未得茯苓且當拾流肪釜盎百出入皎然散飛霜
槁死三彭仇澡換五臟腸青骨凝綠髓丹田發幽光白髮
何足道要使雙瞳方卻後五百年騎鶴還故鄉

萬松亭 并敘

麻城縣令張毅植萬松於道周以芘行者且以名其亭去未十年而松之存者十不及三四傷來者之不嗣其意也故作是詩

十年栽種百年規好德無人助我儀（古語云一年之計樹之以穀十年之計樹之以木百年之計樹之以德）縣令若同倉庚氏亭松應長子孫枝天公不救斧斤戹野火解憐氷雪姿為問幾株能合抱慇懃記取角弓詩

張先生并敘

先生不知其名黃州故縣人本姓盧為張氏所養陽狂垢汗寒暑不能侵常獨行市中夜或不知其所止往來

者欲見之多不能致余試使人召之欣然而來既至立而不言與之言不應使之坐不可但俯仰熟視傳舍堂中久之而去夫孰非傳舍者是中竟何有乎然余以有思惟心追躡其意蓋未得也

熟視空堂竟不言故應知我未天全肯來傳舍人皆說能致先生子亦賢脫屣不妨眠糞屋流澌争看浴氷川士廉豈識桃椎妙妄意稱量未必然

陳季常所畜朱陳村嫁娶圖

何年顧陸丹青手畫作朱陳嫁娶圖聞道一村惟兩姓不將門户買崔盧

我是朱陳舊使君勸耕曾入杏花村而今風物那堪
畫縣吏催錢夜打門 朱陳村在徐州蕭縣

少年時嘗過一村院見壁上有詩云夜涼疑有
雨院靜似無僧不知何人詩也宿黄州禪智寺
寺僧皆不在夜半雨作偶記此詩故作一絶

佛燈漸暗飢鼠出山雨忽來脩竹鳴知是何人舊詩句
已應知我此時情

初到黄州

自咲平生為口忙老來事業轉荒唐長江遶郭知魚
美好竹連山覺筍香逐客不妨貟外置詩人例作水

曹郎只慙無補絲毫事尚費官家壓酒囊檢校官例折支多得退酒袋

定惠院寓居月夜偶出

幽人無事不出門偶逐東風轉良夜參差玉宇飛木末繚繞香煙來月下江雲有態清自媚竹露無聲浩如瀉已驚弱柳萬絲垂尚有殘梅一枝亞清詩獨吟還自和白酒已盡誰能借不詞青春忽忽過但恐懽意年年謝自知醉耳愛松風會揀霜林結茅舍浮浮大甑長炊玉溜溜小槽如壓蔗飲中真味老更濃醉裏狂言醒可怕但當謝客對妻子倒冠落佩從嘲罵

次韻前篇

去年花落在徐州對月酣歌美清夜去年徐州花下對月與張君厚王子忠兄弟飲酒作蘋字韻詩今年黃州見花發小院閉門風露下萬事如花不可期餘年似酒那禁瀉憶昔還鄉泝巴峽落帆樊口在黃州南岸高桅亞長江衮衮空自流白髮紛紛寧少借竟無五畝繼沮溺空有千篇陵鮑謝至今歸計負雲山未免孤衾眠客舍少年辛苦真食蓼老景清閑如啖蔗飢寒未至且安居憂患已空猶夢怕穿花踏月飲村酒免使醉歸官長罵

安國寺浴

老來百事懶身垢猶念浴衰髮不到耳尚煩月一沐山
城足薪炭煙霧濛湯谷塵垢能幾何脩然脫羈梏
披衣坐小閣散髮臨脩竹心困萬緣空身安一牀足豈
惟忘淨穢兼以洗榮辱默歸無多談此理觀要熟

安國寺尋春

卧聞百舌呼春風起尋花柳村村同城南古寺脩竹合
小房曲檻欹深紅看花歎老憶年少對酒思家愁老
翁病眼不羞雲母亂鬢絲強理茶煙中遥知二月王
城外玉仙洪福花如海薄羅匀霧蓋新粧快馬爭風
鳴雜珮王川先生真可憐一生耽酒終無錢病過春

三、九一

風九十日獨抱添丁看花發

寓居定惠院之東雜花滿山有海棠一株土人不知貴也

江城地瘴蕃草木只有名花苦幽獨嫣然一笑竹籬間桃李漫山總麁俗也知造物有深意故遣佳人在空谷自然富貴出天姿不待金盤薦華屋朱唇得酒暈生臉翠袖卷紗紅映肉林深霧暗曉光遲日暖風輕春睡足雨中有淚亦凄愴月下無人更清淑先生食飽無一事散步逍遥自捫腹不問人家與僧舍拄杖敲門看脩竹忽逢絕艷照衰朽歎息無言揩病目陋邦何處

得此花無乃好事移西蜀寸根千里不易到衙子飛來
定鴻鵠天涯流落俱可念為飲一樽歌此曲明朝酒醒
還獨來雪落紛紛那忍觸

次韻樂著作野步

老來幾不辨西東秋後霜林且强紅眼暈見花真是
病耳虛聞蟻定非聰酒醒不覺春强半睡起常驚日過
中植杖偶逢為黍客披衣閑詠舞雩風仰看落蕊收
松粉俯見新芽摘杞叢楚雨還昏雲夢澤吳潮不
到武昌宮黃州對岸武昌縣有孫權故宮廢興古郡詩無數寂寞閑窓
易粗通解組歸來成二老風流他日與君同

二月二十六日雨中熟睡至晚强起出門還作

此詩意思殊昏昏也

卯酒困三杯午飡便一肉雨聲來不斷睡味清且熟

昏昏覺還卧展轉無由足强起出門行孤夢猶可續

泥深竹雞語村暗鳩婦哭明朝看此詩睡語應難讀

雨晴後步至四望亭下魚池上遂自乾明寺

前東岡上歸二首

雨過浮萍合蛙聲滿四隣海棠真一夢梅子欲嘗

新拄杖閑挑菜鞦韆不見人慇勤木芍藥獨自殿

餘春

高亭廢已久下有種魚塘暮色千山入春風百草香市橋人竚竚古寺竹蒼蒼鸛鶴來何處歸鳴滿夕陽

雨中看牡丹三首

霧雨不成點映空疑有無時於花上見的皪走明珠秀色洗紅粉暗香生雪膚黄昏更蕭瑟頭重欲相扶

明日雨當止晨光在松枝清寒入花骨肅肅初自持午景發穠麗一笑當及時依然暮還斂亦自惜幽姿

幽姿不可惜後日東風起酒醒何所見金粉抱青子千花與百草共盡無妍鄙未忍汙泥沙牛酥煎落蘂

次韻樂著作送酒

少年多病怯盃觴老去方知此味長萬斛羇愁都似雪一壺春酒若為湯

次韻樂著作天慶觀醮

濁世紛紛肯下臨夢尋飛步五雲深無因上到通明殿只許微聞玉佩音

王齊萬秀才寓居武昌縣劉郎洑正與伍洲相對伍子胥奔吴所從渡江也

君家稻田冠西蜀擣玉揚珠三萬斛塞江流柿起書樓碧瓦珠欄照山谷傾家取樂不論命散盡黄金如

轉燭惟餘舊書一百車方舟載入荆江曲江上青山亦何有伍洲遥望劉郎藪明朝寒食當過君請殺耕牛壓私酒與君飲酒細論文酒酣訪古江之濆仲謀公瑾不須弔一酹波神英烈君杭州伍子胥廟封英烈王

杜沂游武昌以酴醾花菩薩泉見餉二首

酴醾不爭春寂寞開最晚青蛟走玉骨羽蓋蒙珠幰不粧艷已絕無風香自遠淒涼吴宮闕紅粉埋故苑至今微月夜笙簫來絕巘餘妍入此花千載尚清婉怪君呼不歸定為花所挽昨宵雷雨惡花盡君應返

君言西山頂自古流白泉上為千牛乳下有萬石鉛不

東坡集卷第十一

千金壽君君笑啞汝家安得客孟公從來只識陳驚座

心怨然載酒從陋巷為愛揚雄作酒箴長安富兒求一過

百譎終為賢大守老居閭里自浮沈笑問伯松何若

孟公好飲寧論斗醉後關門防客走不妨閑過左阿君

致之戲作陳孟公詩一首

陳季常自岐亭見訪郡中及舊州諸豪爭欲邀

本何有虛名空自纏不見子柳子餘愚汙溪山

泉比吉士清濁在其源不食我心惻於泉非所患嗟我

愧惠山味但無陸子賢顧君揚其名庶託文字傳寒

東坡集卷第十二

詩八十九首

游武昌寒溪西山寺

連山蟠武昌翠木蔚樊口我來已百日欲濟空搔首坐看鷗鳥没夢逐麏麚走今朝横江來一葦寄衰朽高談破巨浪飛屨輕重阜去人曾幾何絕壁寒溪吼風泉兩部樂松竹三益友徐行欣有得芝朮在蓬莠西上九曲亭衆山皆培塿却看江北路雲水渺何有離離見吴宫莽莽真楚藪空傳孫郎石無復陶公柳爾來風流人惟有漫浪叟買田吾已決乳水況宜酒所須脩竹林深處安井

白相將踏勝絕更裹三日糗

武昌銅劒歌 并敘

供奉官鄭文嘗官於武昌江岸裂出古銅劒文得之以遺余治鑄精巧非鍛治所成者

雨餘江清風卷沙雷公躡雲捕黄蛇蛇行空中如枉矢電光煜煜燒蛇尾或投以塊鏗有聲雷飛上天蛇入水水上青山如削鐵神物欲出山自裂細看兩脅生碧花猶是西江老蛟血蘇子得之何所為蒯緱彈鋏詠新詩君不見凌煙功臣長九尺腰間玉具高拄頤

定惠顒師為余竹下開嘯軒

啼鴂催天明喧喧相詆譙暗蛩泣夜永唧唧自相吊飲
風蟬至潔長吟不改調食土蚓無腸亦自終夕叫鳶貪
聲寂鄙鵲喜意可料皆緣不平鳴慟哭等嬉笑阮生
已粗率孫子亦未妙道人開此軒清坐默自照衝風振
河海不能號無竅累盡吾何言風來竹自嘯

石芝 并敘

元豐三年五月十一日癸酉夜夢遊何人家開堂西門
有小園古井井上皆蒼石石上生紫藤如龍蛇枝葉
如赤箭主人言此石芝也余率爾折食一枝衆皆驚笑其
味如雞蘇而甘明日作此詩

空堂明月清且新幽人睡息來初勻了然非夢亦非覺
有人夜呼祁孔賓披衣相從到何許朱欄碧井開瓊戶
忽驚石上堆龍蛇玉芝紫筍生無數鏘然敲折青珊瑚
味如蜜藕和雞蘇主人相顧一撫掌滿堂坐客皆盧胡
亦知洞府嘲輕脫終勝嵇康羨王烈神山一合五百年
風吹石髓堅如鐵

今年正月十四日與子由別於陳州五月子由

復至齊安未至以詩迎之

驚塵急雪滿貂裘淚洒東風別宛丘又向邯鄲枕中見
卻來雲夢澤南州睽離動作三年計牽挽當為十

日留早晚青山映黃髮相看萬事一時休柳子厚別劉夢得詩云聖恩若許歸田去黃髮相看萬事休

遷居臨皐亭

我生天地間一蟻寄大磨區區欲右行不救風輪左雖云走仁義未免違寒餓劒米有危炊鍼氈無隱坐豈無佳山水借眼風雨過歸田不待老勇決凡幾箇幸兹廢棄餘疲馬解鞍馱全家古江驛絕境天為破飢貧相乘除未見可弔賀澹然無憂樂苦語不成些

曉至巴河口迎子由

去年御史府舉動觸四壁幽幽百尺井仰天無一席隔

墻聞歌呼自恨計之失留詩不忍寫苦淚漬紙筆餘
生復何幸樂事有今日江流鏡面靜煙雨輕冪冪孤
舟如鳧鷖點破千頃碧聞君在磁湖欲見隔咫尺朝來
好風色旗尾西北擲行當中流見笑眼青光溢此邦疑
可老脩竹帶泉石欲買柯氏林茲謀待君必

與子由同游寒溪西山

散人出入無町畦朝游湖北暮淮西高安酒官雖未
上兩脚垂欲穿塵泥與君聚散若雲雨共惜此日相
提携千搖萬兀到樊口一箭放溜先鳧鷖層層草
木暗西嶺瀏瀏霜雪鳴寒溪空山古寺亦何有歸

路萬頃青玻瓈我今漂泊等鴻鴈江南江北無常栖幅巾不擬過城市欲踏徑路開新蹊（路有直入寒溪不過武昌者）却憂別後不忍到見子行迹空餘悽吾儕流落豈天意自坐迂闊非人擠行逢山水輒羞歎此去未免懃塩虀何當一遇李八百相哀白髮分刀圭（李八百宅在筠門）

次韻答子由

平生弱羽寄衝風此去歸飛識所從好語似珠穿一一妄心如膜退重重山僧有味寧知子瀧吏無言只笑儂尚有讀書清淨業未容春睡敵千鍾

和何長官六言次韻

作邑君真伯厚去官我豈曼容一廛願託仁政六字難

賡變風

五噫已出東洛三復願比南容學道未從潘盎南海謂狂為盎

潘近世得道者也 草書猶似楊風楊凝式也

石渠何須反顧水驛幸足相容長江大欲見庇探支八月

涼風

清風初號地籟明月自寫天容貧家何以娛客但知抹

月批風

青山自是絶色無人誰與為容説向市朝公子何殊馬

耳東風

觀張師正所蓄辰砂

將軍結髮戰蠻溪篋有殊珍勝象犀漫說玉牀收箭鏃何曾金鼎識刀圭近聞猛士收丹穴欲助君王鑄裊蹄多少空巖人不見自隨初日吐虹霓

五禽言并叙

梅聖俞嘗作四禽言余謫黄州寓居定惠院遶舍皆茂林脩竹荒池蒲葦春夏之交鳴鳥百族土人多以其聲之似者名之遂用聖俞體作五禽言

使君向蘄州更唱蘄州鬼我不識使君寧知使君死人生作鬼會不免使君已老知何晚王元之自黄移蘄州聞啼鳥問其名或對曰此名蘄

州鬼元之大惡之果卒於蘄

南山昨夜雨，西溪不可渡。溪邊布谷兒，勸我脫破袴。不詞脫袴溪水寒，水中照見催租瘢。（土人謂布谷為脫却破袴）

去年麥不熟，挾彈規我肉。今年麥上場，處處有殘粟。豐年無象何處尋，聽取林間快活吟。（此鳥聲云麥飯熟即決活）

力作力作，蠶絲一百箔。壠上麥頭昂，林間桑子落。願儂一箔千兩絲，繅絲得蛹飼爾雛。（此鳥聲云蠶絲一百箔）

姑惡姑惡，姑不惡，妾命薄。君不見東海孝婦死作三年乾，不如廣漢龐姑去却還。（姑惡水鳥也俗云婦以姑虐死故其聲云）

次韻子由病酒肺疾發

憶子少年時肺喘疲坐卧喊呀或終日勢若風雨過虛陽作浮漲客冷仍下墮妻孥恐悵望膾炙不登坐終年禁晚食半夜發清餓胃強萬苦滿肺歛腹輒破三彭恣啖醫二豎肯逋播寸田可治生誰勸耕黃稧新法方田謂上腴為黃稧探懷得真藥不待君臣佐初如雪花積漸作櫻珠大隅墻聞三嚥隱隱如轉磨自茲失故疾陽唱陰輒和神仙多歷試中路或坎坷平生不盡器痛飲知無祟舊人眼看盡老伴餘幾箇殘年一斗粟待子同舂簸云何不自珎醉病又一挫真源結梨棗世味等糠莝耕耘當待穫願子勤自課相將賦遠遊仙語不用些

正月二十日往岐亭郡人潘古郭三人送余於女王城東禪莊院

十日春寒不出門不知江柳已摇村稍聞決決流氷谷盡放青青没燒痕數畝荒園留我住半缾濁酒待君温去年今日關山路細雨梅花正斷魂

鐵拄杖 并敘

柳真齡字安期閩人也家寶一鐵拄杖如楖栗木牙節宛轉天成中空有簧行輙微響柳云得之浙中相傳王審知以遺錢鏐鏐以賜一僧柳偶得之以遺余作此詩謝之

柳公手中黑蛇滑千年老根生乳節忽聞鏗然爪甲聲
四坐驚顧知是鐵含簧腹中細泉語迸火石上飛星裂
公言此物老有神自昔閩王餉吳越不知流落幾人手
坐看變滅如春雪忽然贈我意安在兩脚未許甘衰歇
便尋轍迹訪崆峒徑渡洞庭探禹穴披榛覓藥採芝菌
刺虎鏦蛟擉蛇蝎會教化作兩錢錐歸來見公未華髮
問我鉄君無恙否取出摩挲向公說

與潘三失解後飲酒

千金弊帚人誰買半額蛾眉世所妍顧我自為都眊矂
憐君欲闘小嬋娟青雲豈易量他日黃菊猶應似去年

三八五

醉裏未知誰得喪滿江風月不論錢

東坡八首并敘

余至黄二年日以困匱故人馬正卿哀予乏食為於郡中請故營地數十畝使得躬耕其中地既久荒為茨棘瓦礫之場而歲又大旱墾闢之勞筋力殆盡釋耒而歎乃作是詩自愍其勤庶幾來歲之入以忘其勞焉

廢壘無人顧頽垣滿蓬蒿誰能捐筋力歲晚不償勞獨有孤旅人天窮無所逃端來拾瓦礫歲旱土不膏崎嶇草棘中欲刮一寸毛喟焉釋耒歎我廩何時高

荒田雖浪莽高庳各有適下隰種秔稌東原蒔棗栗

江南有蜀士桑果已許乞好竹不難栽但恐鞭橫逸仍須卜佳處規以安我室家僮燒枯草走報暗井出一飽未敢期瓢飲已可必

自昔有微泉來從遠嶺背穿城過聚落流惡壯蓬艾去為柯氏陂十畝魚鰕會歲旱泉亦竭枯萍粘破塊昨夜南山雲雨到一犂外泫然尋故瀆知我理荒薈泥芹有宿根一寸嗟獨在雪芽何時動春鳩行可膾（蜀人貴芹芽膾雜鳩肉作之）

種稻清明前樂事我能數毛空暗春澤鍼水聞好語（蜀人以細雨為雨毛稻初生時農夫相語稻鍼水矣）分秧及初夏漸喜風葉舉月明看

露上一一珠垂縷秋來霜穗重顛倒相撐拄但聞畦壠
間蚱蜢如風雨蜀中稻熟時蚱蜢羣飛田間如小蝗狀而不害稻新春便入甑玉
粒照筐筥我久食官倉紅腐等泥土行當知此味
口腹吾已許

良農惜地力幸此十年荒桑柘未及成一麥庶可望投
種未逾月覆塊已蒼蒼農夫告我言勿使苗葉昌君
欲富餅餌要須縱牛羊再拜謝苦言得飽不敢忘

種棗期可剥種松期可斲事在十年外吾計亦已慤十
年何足道二載如風雹舊聞李衡奴此策疑可學我有
同舍郎官居在灊岳李公擇也遺我三寸柑照坐光卓犖百栽

儻可致當及春氷渥想見竹籬間青黄垂屋角

潘子久不調沽酒江南村郭生本將種賣藥西市垣古

生亦好事恐是押牙孫家有十畝竹無時容叩門我窮

交舊絶三子獨見存從我於東坡勞餉同一飧可憐杜

拾遺事與朱阮論吾師卜子夏四海皆弟昆

馬生本窮士從我二十年日夜望我貴求分買山錢我

今反累生借耕輟兹田刮毛龜背上何時得成氈可憐

馬生癡至今誇我賢衆笑終不悔施一當獲千

題織錦圖上回文三首

春晚落花餘碧草夜涼低月半枯桐人隨遠鴈邊城莫

雨映踈簾繡閣空
紅手素絲千字錦故人新曲九回腸風吹絮雪愁縈骨
淚洒繅書恨見郎
羞看一首回文錦錦似文君別恨深頭白自吟悲賦客
斷腸愁是斷絃琴

姪安節遠來夜坐三首

南來不覺歲峥嶸坐撥寒灰聽雨聲遮眼文書元不讀
伴人燈火亦多情嗟予潦倒無歸日今汝蹉跎已半生
免使韓公悲世事白頭還對短燈檠
心衰面改瘦峥嶸相見惟應識舊聲永夜思家在何

㕓殘年知汝遠來情畏人默坐成癡鈍問舊驚呼半死生夢斷酒醒山雨絶笑看飢鼠上燈檠

落第汝爲中酒味吟詩我作忍飢聲便思絶粒真無策苦説歸田似不情腰下牛閑方解佩洲中奴長足爲生大弨一弛何緣彀已覺翻翻不受檠

冬至日贈安節

我生幾冬至少小如昨日當時事父兄上壽拜脱膝十年閲凋謝白髮催衰疾瞻前惟兄三顧後子由一近者隔濤江遠者天一壁今朝復何幸見此萬里姪憶汝總角時啼笑爲棃栗今來能慷慨志氣堅鉄石諸孫行

復爾世事何時畢詩成却超然老淚不成滴

岐亭道上見梅花戲贈季常

蕙死蘭枯菊亦摧返魂香入嶺頭梅數枝殘綠風吹盡一點芳心雀啅開野店初嘗竹葉酒江雲欲落豆稭灰行當更向釵頭見病起烏雲正作堆

樂全先生生日以鐵拄杖為壽二首

先生真是地行仙住世因循五百年每向銅人話疇昔故教鐵杖鬭清堅入懷氷雪生秋思倚壁蛟龍護晝眠遥想人天會方丈衆中驚倒野狐禪

二年相伴影隨身踏遍江湖草木春擿石舊痕猶

作眼閉門高節欲生鱗畏塗自衛真無敵捷徑爭先却累人遠寄知公不嫌重筆端猶自斡千鈞

杭州故人信至齊安

昨夜風月清夢到西湖上朝來聞好語扣戶得吳餉輕圓白曬荔脆釅紅螺醬更將西庵茶勸我洗江瘴故人情義重説我必西向一年兩僕夫千里問無恙相期結書社（故人相約醵錢雇僕未一歲再至黄）未怕供詩帳（僕頃以詩得罪有司移杭取境内所留詩杭州供數百首謂之詩帳）還將夢魂去一夜到江漲（江漲杭州橋名）

送牛尾狸與徐使君（時大雪中）

風捲飛花自入帷一樽遥想破愁眉泥深厭聽雞頭

鶻（蜀人謂泥滑滑為雞頭鶻）酒淺欣嘗牛尾狸通印子魚猶帶骨
披綿黃雀漫多脂慇懃送去煩纖手為我磨刀削
玉肌

四時詞

春雲陰陰雪欲落東風和冷驚羅幕漸看遠水綠生漪
未放小桃紅入萼佳人瘦盡雪膚肌眉歛春愁知為誰
深院無人剪刀響應將白紵作春衣
垂柳陰陰日初永蔗漿酪粉金盤冷簾額低垂紫燕忙
蜜脾已滿黃蜂靜高樓睡起翠眉嚬枕破斜紅未肯勻
玉腕半揎雲碧袖樓前知有斷腸人

新愁舊恨眉生緑粉汗餘香在蘄竹象牀素手熨寒衣
爍爍風燈動華屋夜香燒罷掩重扃香霧空濛月滿庭
抱琴轉軸無人見門外空聞裂帛聲
霜葉蕭蕭鳴屋角黄昏斗覺羅衾薄夜風揺動鎮幃犀
酒醒夢回聞雪落起來呵手畫雙鵶醉臉輕勻襯眼霞
真態香生誰畫得玉奴纖手嗅梅花
太守徐君猷通守孟亨之皆不飲酒以戲之云
孟嘉嗜酒桓温笑徐邈狂言孟德疑公獨未知其趣爾
臣今時復一中之風流自有高人識通介盗 隨薄俗
移二子有靈應撫掌吾孫還有獨醒時

雪後到乾明寺遂宿

門外山光馬亦驚堦前屐齒我先行風花誤入長春苑雲月長臨不夜城未許牛羊傷至潔且看鴉鵲弄新晴更須携被留僧榻待聽摧簷瀉竹聲

伯父送先人下第歸蜀詩云人稀野店休安枕路入靈關穩跨驢安節將去為誦此句因以為韻作小詩十四首送之

索漠齊安郡從來着放臣如何風雪裏更送獨歸人

瘦骨寒將斷衰髯摘更稀未甘為死別猶恐得生歸

日上氣暾江雪晴光眩野記取到家時鋤耰吾正把

月明穿破裘霜氣澁孤劍歸來閉戶坐默數來時店
諸兄無可寄一語會須酬晚歲俱黄髮相看萬事休
故人如念我為說瘦欒欒尚有身為患已無心可安
吾兄喜酒人今汝亦能飲一杯歸誦此萬事邯鄲枕
東阡在何許寒食江頭路哀哉魏城君宿草荒新墓
臨分亦泫然不為窮途泣東阡時一到莫遣牛羊入
我夢隨汝去東阡松柏青却入西州門永愧北山靈
乞墦何足羡負米可忘艱莫為無車馬含羞入劍關
我坐名過實讙譁自招損汝幸無人知莫厭家山穩
竹筍與練鬚隨時畢婚嫁無事若相思征鞍還一跨

萬里却來日一庵仍獨居應笑謀生拙團團如磨驢

和王犖六首並次韻

君談陽朔山不作一錢直巖藏兩頭峗瘴落千仞翼雅宜驩挽放頗訝虞舜陟蹔來已可畏覽鏡憂面黑況子三年因苦霧變飲食吉人終不死仰荷天地德我來黃岡下欹枕江流碧江南武昌山向我如咫尺春蔬黃土軟凍筍蒼崖拆此行我累君乃反得安宅遥知冄穴近為斸岣嶁石他年分刀圭名字挂仙籍君許惠桂州丹砂

少年帶刀劍但識從軍樂老大服犂鋤解佩付鎔鑠雖無獻捷功會賜力田爵敲冰春擣紙刈葦秋織箔櫟林

斬冬炭竹塢收夏籜四時俯有取一飽天所酢君生紈綺間欲學非其脚左右玉纖纖東薪誰爲縛勿令聞此語翠黛顰將惡笑我一間茆婦姑紛六鑿

欲結千年實先摧二月花故教窮到骨要使壽無涯久已逃天網何須服日華賓州在何處爲子上栖霞樓名

鄰里有異趣何妨傾蓋新殊方君莫厭數面自成親默坐無餘事回光照此身他年赤墀下玉立看垂紳

平生我亦輕餘子晚歲人誰念此翁巧語屢曾遭薏苡庚詞聊復託芎藭子還可責同元亮妻却差賢勝敬通若問我貧天所賦不因遷謫始囊空

君家玉臂貫銅青下客何時見目成勤把鉛黃記宫様莫敎絃管作蠻聲薰衣漸歎衙香少擁髻遥憐夜語清記取北歸携過我南江風浪雪山傾君自南江赴任不一過我

記夢回文二首并敘

十二月二十五日大雪始晴夢人以雪水烹小團茶使美人歌以飲余夢中為作回文詩覺而記其一句云亂點餘花唾碧衫意用飛燕唾花故事也乃續之為二絶句云

酡顏玉盌捧纖纖亂點餘花唾碧衫歌咽水雲凝静院夢驚松雪落空巖

空花落盡酒傾缸日上山融雪漲江紅焙淺甌新火活龍團小碾鬬晴窻

三朶花 并敘

房州通判許安世以書遺余言吾州有異人常戴三朶花莫知其姓名郡人因以三朶花名之能作詩皆神仙意又能自寫真人有得之者許欲以一本見惠乃為作此詩

學道無成鬢已華不勞千劫漫烝砂歸來且看一宿覺未暇遠尋三朶花兩手欲遮缾裏雀四條深怕井中蛇畫圖要識先生面試問房陵好事家

次韻陳四雪中賞梅

臘酒詩催熟寒梅雪鬪新杜陵休歎老韋曲已先春獨秀驚凡目遺英盱逸民高歌對三白遲莫慰安仁

正月二十日與潘郭二生出郊尋春忽記去年是日同至女王城作詩乃和前韻

東風未肯入東門走馬還尋去歲村人似秋鴻來有信事如春夢了無痕江城白酒三杯釅野老蒼顔一笑温已約年年為此會故人不用賦招魂

是日偶至野人汪氏之居有神降於其室自稱天人李全字德通善篆字用筆奇妙而字不可

識云天篆也與予言有所會者復作一篇仍用

前韻

酒渴思茶漫扣門那知竹裏是仙村已聞龜策通神語

更看龍虵落筆痕色瘁形枯應笑屈道存目擊豈非温

歸來獨掃空齋臥猶恐微言入夢魂

浚井

古井没荒萊不食誰爲惻缾罍下兩綆蛙蚓飛百尺腥

風被泥滓空響聞點滴上除青青芹下洗鑿鑿石沾

濡愧童僕盃酒暖寒栗白水漸泓渟青天落寒碧云何

失舊穢底處來新絜井在無有中無來亦無失

紅梅三首

怕愁貪睡獨開遲自恐氷容不入時故作小紅桃杏色尚餘孤瘦雪霜姿寒心未肯隨春態酒暈無端上玉肌詩老不知梅格在更看緑葉與青枝石曼卿紅梅詩云認桃無緑葉辨杏有青枝

雪裏開花却是遲何如獨占上春時也知造物含深意故與施朱發妙姿細雨裛殘千顆淚輕寒瘦損一分肌不應便雜夭桃杏半點微酸已著枝

幽人自恨探春遲不見檀心未吐時丹鼎奪胎那是寶朱砂紅銀謂之不奪胎色玉人頩頰更多姿抱叢暗蘂初含子落盞穠香已吐肌乞與徐熙新畫様竹間璀璨出斜枝

和子由寄題孔平仲草庵次韻

逢人欲覓安心法到處先爲問道庵盧子不須從若士蓋公當自過曹參羨君美玉經三火笑我枯桑困八蠶猶喜大江同一味故應千里共清甘

二蟲

君不見水馬兒步步逆流水大江東流日千里此蟲趯趯長在此君不見鷃濫堆決起隨衝風隨風一去宿何許逆風還落蓬蒿中二蟲愚智俱莫測江邊一笑無人識

陳季常見過三首

仕宦常畏人退居還喜客君來輒館我未覺雞黍窄

東坡有奇事已種十畝麥但得君眼青不詞奴飯白
送君四十里只使一帆風江邊千樹柳落我酒盃中此
行非遠别此樂固無窮但願長如此來往一生同
聞君開亀軒東檻俯喬木人言君畏事欲作亀頭縮
我知君不然朝飯仰暘谷餘光幸分我不死安可獨

寒食雨二首

自我來黄州已過三寒食年年欲惜春春去不容惜今
年又苦雨兩月秋蕭瑟卧聞海棠花泥汙燕脂雪暗
中偷負去夜半真有力何殊病少年病起頭已白
春江欲入戶雨勢來不已小屋如漁舟濛濛水雲裏

空庖煮寒菜破竈燒濕葦那知是寒食但見烏銜紙君門深九重墳墓在萬里也擬哭塗窮死灰吹不起

徐史君分新火

臨皋亭中一危坐三見清明改新火溝中枯木應笑人鑽斫不然誰似我黄州使君憐久病分我五更紅一朶從來破釜躍江魚只有清詩嘲飯顆起携蠟炬遶空屋欲事烹煎無一可為公分作無盡燈照破十方昏暗鏁

次韻荅元素余舊有贈元素云天涯同是傷流落元素以為今日之先兆且悲當時六客之存亡六客蓋張子野劉孝叔陳令舉李公擇及元素

與余也

不愁春盡絮隨風但喜丹砂入頰紅流落天涯先有

讖摩挲金狄會當同蘧蘧未必都非夢了了方知不

落空莫把存亡悲六客已將地獄等天宮

東坡集卷第十二

東坡集卷第十三

詩八十一首

蜜酒歌 并叙

西蜀道士楊世昌善作蜜酒絕醇釅余既得其方作此歌遺之

真珠為漿玉為醴六月田夫汗流泚不如春甕自生香蜂為耕耘花作米一日小沸魚吐沫二日眩轉清光活三日開甕香滿城快瀉銀缾不須撥百錢一斗濃無聲甘露微濁醍醐清君不見南園採花蜂似雨天教釀酒醉先生先生年來窮到骨問人乞米何曾得世間萬事

三之二九

真悠悠蜜蜂大勝監河侯

又一首荅二猶子與王郎見和

脯青苔炙青蒲爛蒸鵝鴨乃瓠壺煮豆作乳脂爲酥

高燒油燭斟蜜酒貧家百物初何有古來百巧出窮人

搜羅假合亂天真詩書與我爲麴蘖醞釀老夫成搢

紳質非文是終難久脫冠還作扶犂叟不如蜜酒無燠

寒冬不加甜夏不酸老夫作詩殊少味愛此三篇如酒

美封胡羯末已可憐不知更有王郎子

謝陳季常惠一揞巾

夫子胸中萬斛寬此巾何事小團團半升僅漉淵明

酒二寸纔容子夏冠好帶黃金雙得勝可憐白紵一生
酸臂弓腰箭何時去直上陰山取可汗

贈黃山人

面頰照人元自赤眉毛覆眼見來烏倦遊不擬談玄牝
示病何妨出白須絕學已生真定惠說禪長笑老浮屠
東坡若肯三年住親與先生看藥爐

問大冶長老乞桃花茶栽東坡

周詩記苦荼茗飲出近世初緣厭粱肉假此雪昏滯嗟
我五畝園桑麥苦蒙翳不令寸地閑更乞茶子蓺飢寒
未知免已作太飽計庶將通有無農末不相戾春來凍

地裂紫筍森已銃牛羊煩訶叱筐筥未敢睨江南老
道人齒髮日夜逝他年雪堂品空記桃花裔

魚蠻子

江淮水為田舟楫為室居魚鰕以為糧不耕自有餘異
哉魚蠻子本非左衽徒連排入江住竹瓦三尺廬於
焉長子孫慼施且侏儒擘水取魴鯉易如拾諸途
破釜不着鹽雪鱗芼青蔬一飽便甘寢何異獺與
狙人間行路難踏地出賦租不如魚蠻子駕浪浮空
虛空虛未可知會當筭舟車蠻子叩頭泣勿語桑大
夫

弔李臺卿 并敘

李臺卿字明仲廬州人貌陋甚性介不羣而博學強記罕見其比好左氏有史學考正同異多所發明知天文律歷千載之日可坐數也軾謫居黃州臺卿為麻城主簿始識之既罷居於廬而曹光州演甫以書報其亡臺卿光州之妻黨也

我初未識君人以君為笑垂頭若病鶴煙雨霾七竅弊衣來過我危坐若持鈞褚褒半面新皺蔑一語妙徐徐涉其瀾極望不得徼却觀元嫵媚士固難輕料看書眼如月罅隙靡不照我老多遺忘得君如再少從橫通

雜藝甚博且知要所恨言無文至老幽不耀其生世
莫識已死誰復弔作詩遺故人庶解俗子誰

曹既見和復次其韻

造物本兒戲風噫雷電笑誰令妄驚怪失匕號萬竅
人人走江湖一一操網釣偶然連六鰲便謂此手妙空
令任公子三歲蹲海徼長貧固不詞一死實未料難
將耆草筭除用佛眼照何人嗣家學恨子兒尚少
嗟我與曹公衰老世不要空言今無救奇志後必
耀吟公五字詩義重千金弔收藏慎勿出免使羣兒
誰

次韻孔毅甫集古人句見贈五首

羡君戲集他人詩，指呼市人如使兒。天邊鴻鵠不易得，便令作對隨家雞。退之驚笑子美泣，問君久假何時歸。

世間好句世人共，明月自滿千家墀。紫駞之峯人莫識，雜以雞豚真可惜。令君坐致五侯鯖，盡是猩脣與熊白。路傍拾得半斷槍，何必開爐鑄矛戟。

用之如何在我耳，入手當令君喪魄。天下幾人學杜甫，誰得其皮與其骨。劃如太華當我前，跛牂欲上驚崷崒。名章俊語紛交衝，無人巧會當時情。

前生子美只君是，信手拈得俱天成。

詩人雕刻閑草木搜抉肝腎神應哭不如默誦千萬首
左抽右取談笑足夜吟石鼎聲悲秋可憐好事劉與侯
何當一醉百不問我欲眠矣君歸休
膏明蘭臭俱自焚象牙翠羽戕其身多言自古為數
窮微中有時堪解紛癡人但數羊羔兒不知何者是左
慈千章萬句卒非我急走投君應已遲

六年正月二十日復出東門仍用前韻

亂山環合水侵門身在淮南盡處村五畝漸成終老計
九重新掃舊巢痕豈惟見慣沙鷗熟已覺來多釣石
温長與東風約今日暗香先返玉梅䰟

怨天我尔旨天民行看花柳動共草無邊春
千鍾祿馭吏醉吐茵那知我與子坐作寒蟲呻勞力莫
有一瓢酒獨飲良不仁未能顧我賴聊復濡子肩故人
床斂敗絮破竈鬱生薪相對不言寒哀哉知我貧我
春雨如晴塵春風吹倒人東坡鼓閒屋巢子誰與鄰空

大寒步至東坡贈巢三

嘿人坐窗愁動為收子千奴一擲奈吾貧
玽君金盤玉指破芳辛清泉載先流齒香霧霏霏欲
一雙羅帕未分珍林下先嘗愧逐臣露葉霜枝剪寒

食柑

元脩菜 并敘

菜之美者有吾鄉之巢故人巢元脩嗜之余亦嗜之元脩云使孔北海見當復云吾家菜耶因謂之元脩菜余去鄉十有五年思而不可得元脩適自蜀來見余於黃乃作是詩使歸致其子而種之東坡之下云

彼美君家菜鋪田緑茸茸豆莢圓且小槐芽細而豐種之秋雨餘擢秀繁霜中欲花而未萼一一如青蟲是時青裙女採擷何怱怱烝之復湘之香色蔚其饛點酒下鹽豉縷橙芼薑葱那知雞與豚但恐放箸空春盡苗葉老耕翻煙雨叢潤隨甘澤化暖作青泥融始

明日集之為詩或詞無倫次

上巳日與二三子携酒出游隨所見輒作數句

當年冷煙濕雪梅花在猶得新春作上元

酒俠鑪錢擅樂王松燈市光陰非故國馬行燈火記

江上東風浪接天若寒無賴破春妍試開雲處蒸罷見

二月三日點燈會客

拔下潛圖化千鍾長使齊安人指此說兩翁

荀宿適用如蔡松馬援載薏苡羅生笑寺萬達縣知東

獨無娟絞手繫余剪君歸致其子囊盛刎函封張囊務

縱不我負力與輦攜同我老忘家舍楚吾鄉縈白見畫此物

三、八六

薄雲霏霏不成雨杖藜曉入千花塢柯丘海棠吾有詩獨笑深林誰敢侮三杯卯酒人徑醉一枕春睡日亭午竹閒老人不讀書留我閉門誰教汝出詹藜枳十圍大篤真素辟千蛟舞東坡作塘今幾尺携酒一勞農工苦却尋流水出東門壞垣古塹花無主卧開桃李為誰妍對立鵁鶄相媚嫵開餅藉草勸行路不惜春衫汙泥土褰裳共過春草亭扣門却入韓家圃轆轤繩斷井深碧鞦韆索挂人何所映簾空復小桃枝乞漿不見應門女南上古臺臨斷岸雪陣翻空迷仰俯故人餽我玉葉羹火冷煙消誰為煮崎嶇東蘊下

荒徑娙姹隔花聞好語更隨落景盡餘樽却傍孤城得僧宇主人勸我洗足眠倒床不復聞鍾鼓明朝門外泥一尺始悟三更雨如許平生所向無一遂兹遊何事天不阻固知我友不終窮豈弟君子神所予

日日出東門

日日出東門步尋東城遊城門抱關卒笑我此何求我亦無所求駕言寫我憂意適忽忘返路窮乃歸休懸知百歲後父老説故侯古來賢達人此路誰不由百年寓華屋千載歸山丘何事羊公子不肯過西州

南堂五首

江上西山半隱堤此邦臺館一時西南堂獨自西南向
卧看千帆落淺溪
莫年眼力嗟猶在多病顛毛却未華故作明窓書小字
更開幽室養丹砂
他時雨夜困移床坐厭愁聲點客腸一聽南堂新瓦響
似聞東塢小荷香
山家為割千房蜜稚子新畦五畝蔬更有南堂堪著客
不憂門外故人車
掃地焚香閉閤眠簟紋如水帳如煙客來夢覺知何處
挂起西窓浪接天

次韻子由種杉竹

吏散空庭雀噪簷閉門獨宿夜厭厭似聞梨棗同時種應與杉篁刻日添糟麴有神薰不醉雪霜誇健巧相沾先生坐待清陰滿空使人人歎滯淹

孔毅甫妻挽詞

結褵記初歡同穴期晚歲擇夫得溫嶠生子勝王濟高風相賓友古義仍兄弟從君吏隱中窮達初不計云何抱沉疾俯仰便一世幽陰棲房櫳芳澤在巾袂百年縱得滿此路行亦逝那將有限身長瀉無益涕君文照今古不比山石脆當觀千字誄盌用百金瘞

次韻孔毅甫久旱已而甚雨三首

飢人忽夢飯甑溢夢中一飽百憂失只知夢飽本來空未悟真飢定何物我生無田食破硯尒來硯枯磨不出去年太歲空在酉傍舍壺漿不容乞今年旱勢復如此歲晚何以黔吾突青天蕩蕩呼不聞況欲稽首號泥佛甕中蜴蜥尤可笑跂跂脉脉何等秩陰陽有時雨有數民是天民天自卹我雖窮苦不如人要亦自是民之一形容可似喪家狗未肯弭耳争投骨倒冠落幘謝朋友獨與蚊雷共圭蓽故人嗔我不開門君視我門誰肯屈可憐明月如潑水夜半清光翻我室風從南來非雨

候且為疲人洗烝鬱褰裳一和快哉謡未暇飢寒念明

日

去年東坡拾瓦礫自種黄桑三百尺今年刈草蓋雪堂

日炙風吹面如墨平生懶惰今始悔老大勤農天所直

沛然例賜三尺雨造化無心怳難測四方上下同一雲甘

霔不為龍所隔（俗有分龍日）蓬蒿下濕迎曉耒燈火新涼催

夜織老夫作罷得甘寢卧聽墻東人響屐奔流未已坑

谷平折葦枯荷恣漂溺腐儒麤糲支百年力耕不受

衆目憐破陂漏水不耐旱人力未至求天全會當作塘徑

千步横斷西北遮山泉四鄰相率助舉杵人人知我囊無

三、七七

錢明年共看決渠雨飢飽在我盈闕天誰能伴我田間飲

醉倒惟有支頭甎

天公號令不再出十日愁霖併爲一君家有田水冒田

我家無田憂入室不如西州楊道士萬里隨身惟兩膝

泝流不惡泝亦佳一葉扁舟任漂突山芎麥麴都不

用泥行露宿終無疾夜來飢腸如轉雷旅愁非酒不

可開楊生自言識音律洞簫入手清且哀不須更待秋

井塌見人白骨方銜盃

初秋寄子由

百川日夜逝物我相隨去惟有宿昔心依然守故處憶

在懷遠驛閉門秋暑中藜羹對書史揮汗與子同西風忽淒厲落葉穿戸牖子起尋裌衣感歎執我手朱顏不可恃此語君勿疑别離恐不免功名定難期當時已悽斷況此兩衰老失塗既難追學道恨不早買田秋已議築室春當成雪堂風雨夜已作對床聲

和黄魯直食筍次韻

飽食有殘肉飢食無餘菜紛然生喜怒似被狙公賣尔來誰獨覺凛凛白下宰太和古白下一飯在家僧至樂甘不壞多生味蠹簡食筍乃餘債蕭然映樽俎未肯誰菘芥君著霜雪姿童稚已耿介胡為遭暴横三嗅不忍嘬朝

三丶九一

來忽解籜勢迫風雷噫尚可餉三閭飯筒纏五采

聞子由為郡僚所捃恐當去官

少學不為身宿志固有在雖然敢自必用舍置度外天初若相我發迹造宏大豈敢負所付捐軀欲投會盜知事大繆舉步得狼狽我已無可言墜甑難追悔子雖僅自免雞肋安足賴低回畏罪罟黽俛敢言退若人疑或使為子得微罪時哉歸去來共抱東坡耒

次韻王鞏南遷初歸二首

問君謫南賓冶葛食幾尺逢人瘴髮黃入市胡眼碧三年不易■晛倚天辟歸來貌如故妙語仍破鏑那能

廢詩酒亦未妨禪寂願爲尚書郎還賜尚方鳥
江家舊池臺脩竹圍一尺歸來萬事非惟見秦淮碧平
生痛飲處遺墨鴉棲壁西來故父客金印雜鳴鏑三
槐老更茂花絮春寂寂中微未可料家廟藏赤舄
孔毅甫以詩戒飲酒問買田且乞墨竹次其韻
酒中真復有何好孟生雖賢未聞道醉時萬慮一掃空
醒後紛紛如宿草十年揩洗見真妄石女無兒焦穀槁
此身何異貯酒瓶滿輒予人空自倒武昌痛飲豈吾意
性不違人遭客惱君家長松十畝陰借我一庵聊洗心
我田方寸耕不盡何用百頃糜千金枕書熟睡呼不起

好學憐君工雜擬且將墨竹換新詩潤色何須待東里

任師中挽詞

大任剛烈世無有疾惡如風朱伯厚小任温毅老更文

聰明慈愛小馮君兩任才行不須説疇昔並友吾先人

相看半作晨星沒可憐太白與殘月大任先去冢未乾

小任相繼呼不還強寄一樽生死別樽中有淚酒應酸

貴賤賢愚同盡耳君家不盡緣賢子人間得喪了無憑

只有天公終可倚

子由作二頌頌石臺長老同公手寫蓮經字如

黑蟻且誦萬徧脅不至席二十餘年予亦作二

首

眼前擾擾黑蚍蜉口角霏霏白唾珠要識吾師無礙處

試將燒却看嗔無

眼睛心地兩虛圓脅不霑床二十年誰信吾師非不睡

睡蚍已死得安眠

鄧忠臣母周挽詞

微生真草木無處謝天力慈顔如春風不見桃李實古

今把此恨有志俯仰失公子豈先知戰戰常惜日吾君

日月照委曲到肝膈哀哉人子心吾何愛一邑家庭拜

前後粲然發笑色豈比黃壤下焚瘞千金璧若人

道德人視此亦戲劇聊償曾閱意遽與仙佛寄孤纍

三三二九

卧江渚永望墳墓隅作詩相楚挽感慟淚載滴

徐君猷挽詞

一舸南遊遂不歸清江赤壁照人悲請看行路無從涕

盡是當年不忍欺雪後獨來栽柳處竹間行復採茶時

山城散盡樽前客舊恨新愁只自知

和蔡景繁海州石室

芙蓉仙人石蔓卿也舊遊處蒼藤翠壁初無路戲將桃核

裹黄泥石間散擲如風雨坐令空山出錦繡倚天照

海花無數花間石室可容車流蘇寶蓋窺靈宇何年

霹靂起神物玉棺飛出王喬墓當時醉卧動千日至今
石縫餘糟酹仙人一去五十年花老室空誰作主手植數
松今偃蓋蒼髯白甲低瓊戶我來取酒酹先生後車仍
戴胡琴女一聲氷鐵散巖谷海為瀾翻松為舞尒來
心賞復何人持節中郎醉無伍獨臨斷岸呼出日紅波
碧巘相吞吐徑尋我語覓餘聲拄杖彭鏗叩銅鼓長篇
小字遠相寄一唱三歎神悽楚江風海雨入牙頰似聽
石室胡琴語我今老病不出門海山巖洞知何許門外
桃花自開落床頭酒甕生塵土前年開閣放柳枝今年
洗心參佛祖夢中舊事時一笑坐覺俯仰成今古顧君

不用刻此詩東海桑田真旦莫

和秦太虛梅花

西湖處士骨應槁只有此詩君壓倒東坡先生心已灰
為愛君詩被花惱多情立馬待黄昏殘雪消遲月出
早江頭千樹春欲闇竹外一枝斜更好孤山山下醉眠處
點綴裙腰紛不掃萬里春隨逐客來十年花送佳人老
去年花開我已病今年對花還草草不如風雨卷春歸
收拾餘香還畀昊

再和潛師

化工未議蘇群槁先向寒梅一傾倒江南無雪春瘴生

為散氷花除熱惱風清月落無人見洗粧自趂霜鐘早
惟有飛來雙白鷺玉羽瓊枝鬬清好吳山道人心似水眼
淨塵空無可掃故將妙語寄多情橫機欲試東坡老
東坡習氣除未盡時復長篇書小草且撼長條飡落
英忍飢未擬窮呼昊

橄欖

紛紛青子落紅鹽正味森森苦且嚴待得微甘回齒頰
已輸崖蜜十分甜

海棠

東風嫋嫋泛崇光香霧霏霏月轉廊只恐夜深花睡去

更燒高燭照紅粧

東坡

雨洗東坡月色清市人行盡野人行莫嫌犖确坡頭路

自愛鏗然曳杖聲

生日王郎以詩見慶次其韻并寄茶二十一片

折楊新曲萬人趨獨和先生于蔿于但信櫝藏終自售

豈知盌脫本無櫨堨從氷叟來游宦肯伴臞仙亦號儒

棠棣並為天下士芙蓉曾到海邊郛不嫌霧谷霾松柏

終恐虹梁荷棟桴高論無窮如鋸屑小詩有味似連珠

感君生日遥稱壽祝我餘年老不枯未辦報君青玉案

建溪新餅截雲腴

別黄州

病瘡老馬不任鞿猶向君王得敝帷桑下豈無三宿戀樽前聊與一身歸長腰尚載撑腸米闊領先裁蓋癭衣投老江湖終不失來時莫遣故人非

過江夜行武昌山上聞黄州鼓角

清風弄水月銜山幽人夜渡吴王峴黄州鼓角亦多情送我南來不辭遠江南又聞出塞曲半雜江聲作悲健誰言萬方聲一槩鼉憤龍愁為余變我記江邊枯柳樹未死相逢真識面他年一葉泝江來還吹此曲相迎餞

自興國往筠宿石田驛南二十五里野人舍

溪上青山三百疊快馬輕衫來一抹倚山脩竹有人家橫道清泉知我渴芒鞋竹杖自輕軟蒲薦松床亦香滑夜深風露滿中庭惟見孤螢自開闔

將至筠先寄遲适遠三猶子

露宿風食六百里明朝飲馬南江水未見豐盈犀角兒先逢玉雪王郎子（時道逢王郎於建昌方北行也）對床欲作連夜語念汝還須戴星起夜來夢見小於菟（還小名菟兒）猶是髧髦垂兩耳憶過濟南春未動三子出迎殘雪裏我時移守古河東酒肉淋漓渾舍喜而今憔悴一羸馬逆旅擔夫

相汝尔出城見我定驚嗟身健窮愁不須耻我為乃翁

留十日掣電一歡何足恃惟當火急作新詩一醉兩翁

勝酒美

端午游真如遲适遠從子由在酒局

一與子由别却數七端午身隨綵絲繫心與昌歜苦今

年疋馬來佳節日夜數兒童喜我至典衣具雞黍水餅

既懷鄉飯筒仍愍楚謂言必一醉快作西川語盌知是

官身糟麴困薰煮獨携三子出古剎訪禪祖高談付

梁羅詩律到阿虎歸來一調笑慰此長齟齬梁羅遲适小名

别子由三首兼别遲

知君念我欲别難我今此别非他日風裏楊花雖未定
雨中荷葉終不濕三年磨我費百書一見何止得雙璧
願君亦莫歎留滯六十小刼風雨疾
先君昔愛洛城居我今亦過嵩山麓水南卜宅吾豈敢
試向伊川買脩竹又聞緱山好泉眼傍市穿林瀉氷玉
遥想茆軒照水開兩翁相對清如鵠
兩翁歸隱非難事惟要傳家好兒子憶昔汝翁如汝
長筆頭一落三千字世人聞此皆大笑慎勿生兒兩翁
似不知樗櫟薦明堂何似鹽車壓千里
初别子由至奉新作

雙鵲先我來飛上東軒背書隨好夢到人與佳節會一歡難把玩回首了無在却渡來時溪斷橋號淺瀨茫茫暑天闊藹藹孤城背青山眊矂中落日凄涼外盛衰豈吾意離合非所礙何以解我憂粗了一事大

同年程筠德林求先墳二詩

思成堂

宰樹連山谷祠堂照路隅養松無觸鹿助祭有馴烏歸夢先寒食兒啼到白須遥知鄰里化醉叟道爭扶

歸真亭

舊笑桓司馬今師鄭大夫不知祖歲月空覺老楸梧祭

禮傳家法阡名載版圖會晉百千字隸木抄見龜趺

過建昌李野夫公擇故居

彭蠡東北源廬阜西南麓何人脩水上種此一雙玉
思之不可見破宅餘脩竹四鄰戒莫犯十畝森似束
我來仲夏初解籜呈新綠幽鳥向我鳴野人留我宿
裴回不忍去微月挂喬木遥想他年歸解組巾一幅
對床老兄弟夜雨鳴竹屋卧聽鄰寺鐘書窗耿殘
燭

初入廬山三首

青山若無素偃蹇不相親要識廬山面他年是故人

山南山面也

自昔懷清賞神游杳藹間如今不是夢真箇在廬山

芒鞋青竹杖自挂百錢游可怪深山裏人人識故侯

圓通禪院先君舊游也四月二十四日晚至宿焉明日忌日也乃手寫寶積獻蓋頌佛一偈以贈長老僊公僊拊掌笑曰昨夜夢寶蓋飛下著處輒出火豈此祥乎乃作是詩院有蜀僧宣逮事訥長老識先君云

石耳峯頭路接天梵音堂下月臨泉此生初飲廬山水

他日徒參雪竇禪袖裏寶書猶未出夢中飛蓋已先傳何人更識嵇中散野鶴昂藏未是仙

子由在筠作東軒記或戲之為東軒長老其壻曹煥往筠余作一絶句送曹以戲子由曹過廬山出以示圓通慎長老慎欣然亦作一絶送客出門歸入室趺坐化去子由聞之乃作二絶一以荅予一以荅慎明年余過圓通始得其詩乃追次慎韻

君到高安幾日回一時得藪舊塵埃贈君一籠牢收取盛取東軒長老來余送曹詩

東軒長老未相逢已見黃州一信通何必揚眉資目擊須知千里事同風慎老和余韻

東軒只似虛空樣何處人家籠解盛縱使盛來無處著雪堂自有老師兄子由荅子詩

擔頭挑得黃州籠行過圓通一笑開却到山前人已寂亦無一物可擔囘子由荅慎詩

大士何曾有生死小儒低處覓窮通偶留一吷千山上散作人間萬竅風余和慎詩

余過溫泉壁上有詩云直待衆生摠無垢我方清泠混常流問人云長老可遵作遵已退居

圓通亦作一絶

石龍有口口無根自在流泉誰吐吞若信衆生本無垢
此泉何處覔寒温

世傳徐凝瀑布詩云一條界破青山色至爲塵
陋又僞作樂天詩稱美此句有賽不得之語樂
天雖涉淺易然豈至是哉乃戲作一絶

帝遣銀河一派垂古來惟有謫仙詞飛流濺沫知多少
不與徐凝洗惡詩

書李公擇白石山房

偶尋流水上崔嵬五老蒼顔一笑開若見謫仙煩寄

語匡山頭白早歸來

贈東林揔長老

溪聲便是廣長舌山色豈非清淨身夜來八萬四千偈
他日如何舉似人

題西林壁

橫看成嶺側成峰遠近高低無一同不識廬山真面目
只緣身在此山中

廬山二勝 并敘

余游廬山南北得十五六其勝殆不可勝紀而懶不作
詩獨擇其尤者作二首

開先漱玉亭

高巖下赤日深谷來悲風擘開青山峽飛出兩白龍亂沫散霜雪古潭摇清空餘流滑無聲快瀉雙石䃥我來不忍去月出飛橋東蕩蕩白銀闕沉沉水精宫願隨琴高生脚踏赤鱓公手持白芙蕖跳下清泠中

栖賢三峽橋

吾聞太山石積日穿綫溜况此百雷霆萬世與石鬭深行九地底險出三峽右長輸不盡溪欲滿無底竇跳波翻潛魚震響落飛狖清寒入山骨草木盡堅瘦

空濛煙靄間澒洞金石奏彎彎飛橋出㵞㵞半月彀玉淵神龍近雨雹亂晴晝垂缾得清甘可嚥不可漱

陶驥子駿佚老堂二首

文舉與元禮尚得稱世舊淵明吾所師夫子乃其後挂冠不待年亦豈為五斗我歌歸來引余增損淵明歸去來以就聲律謂之歸來引千載信尚友相逢黃卷中何似一盃酒君醉我且歸明朝許來否我從廬山來目送孤飛雲路逢陸道士知是千歲人試問當時友虎溪已埃塵似聞佚老堂知是幾世孫

和李太白并敘

能為五字詩仍戴漉酒巾人呼小靜節自號葛天民

李太白有潯陽紫極宫感秋詩紫極宫今天慶觀也道士胡洞微以石本示予葢其師卓玘之所刻玘有道術節義過人今亡矣太白詩云四十九年非一往不可復今予亦四十九感之次其韻王芝一名瓊田草洞微種之七八年矣云更數年可食許以遺余故并記之

何處聞秋聲翛翛北窓竹回薄萬古心攬之不盈掬靜坐觀衆妙浩然媚幽獨白雲南山來就我簷下宿懶從唐生決差訪季主卜四十九年非一往不可復野情轉蕭散世道有翻覆陶令歸去來田家酒應熟

寄卧虛寂堂月明浸疎竹泠然洗我心欲飲不可掬流

光發永歎自昔非予獨行年四十九還此北窓宿緬懷卓
道人白首寓醫卜謫仙固遠矣此士亦難復世道如奕
棊變化不容覆惟應玉芝老待得蟠桃熟

次韻道潛留別

為聞廬岳多真隱故就高人斷宿攀已喜禪心無別語
尚嫌剃髮有詩班異同更莫疑三語物我終當付八還
到後與君開北戸舉頭三十六青山

東坡集卷第十三